AF542458

NOUVEAU PLAN D'ÉDUCATION,

Pour former des hommes instruits & des Citoyens utiles, auxquels on a joint une Dissertation sur l'Etude des Langues qu'on doit y admettre.

(1)

NOUVEAU PLAN D'ÉDUCATION,

POUR FORMER DES HOMMES INSTRUITS ET DES CITOYENS UTILES;

Auquel on a joint une DISSERTATION *sur l'Etude des Langues qu'on doit y admettre;*

PAR M. CARPENTIER,

Maître ès-Arts de l'Université de Paris, & Professeur de Géographie & d'Histoire.

A PARIS,

Rue S. Jean-de-Beauvais, la première porte cochère au-dessus du Collège.

Et chez l'Auteur, rue Mauconseil, la première porte cochère à droite, en entrant par la rue S. Denis.

M. DCC. LXXV.

Avec Approbation & Privilège du Roi.

Le Privilège & l'Approbation se trouvent à la Grammaire Française, par le même Auteur.

DISSERTATION

SUR

L'ÉTUDE

DES LANGUES.

FAIRE des hommes; faire des citoïens; faire des heureux : voilà trois grands objets ſans doute. Ce ſont ceux que doit ſe propoſer tout inſtituteur dans ſes Elèves; & c'eſt ce qu'a droit d'en attendre la Patrie, à laquelle il s'eſt dévoué. Celui qui ne ſe ſent pas à portée de remplir ces trois grandes tâches, doit bien ſe garder d'entrer dans cette importante profeſſion. Quiconque s'y eſt immiſcé témérairement, & ſans les talens propres pour y faire le bien auquel il eſt indiſpenſablement tenu; ne doit pas hésiter de l'abandonner, s'il a (je ne dis point quelque délicatesse) mais seulement les moindres sentimens d'honneur.

Rien, selon moi, ne serait plus juste qu'une loi qui condamnât tout Instituteur s'acquittant mal de ses devoirs, & qui ne s'efforce pas de remplir les vües que le Public doit naturellement avoir sur lui, à être promené par la Ville pendant trois jours de marcher avec écriteau devant & derrière, portant en gros caractère cette inscription : *Voleur Public, soi-disant Instituteur.* Il est étonnant qu'on sévisse en France contre le plus léger vol des choses qui peuvent se réparer par le travail, par l'industrie ; & qu'on n'inflige aucune peine aux Maîtres pour le vol d'un tems mille fois plus précieux que l'or ; dont la perte est irréparable, & le mauvais emploi plus funeste à la République que tout ce qu'on pourrait dire. Le mal qui en résulte est le plus grand de tous les maux, & se multiplie à l'infini.

Faire des hommes, n'est autre chose que

les mettre en état de bien uſer de leur raiſon, ainſi que le dit un Auteur ; & la raiſon, c'eſt notre nature modifiée par l'expérience, par le jugement, par la réfléxion. Faire un homme c'eſt donc le mettre à portée de juger ſainement, de n'agir que conſéquemment à des combinaiſons juſtes ; en un mot de ſe conduire utilement & pour ſoi & pour les autres.

Faire des Citoïens, c'eſt former des hommes plus portés aux intérêts de la République dont ils ſont membres, qu'à leurs intérêts particuliers ; capables de lui être perpétuellement utiles, & qui y ſoient perpétuellement décidés par d'excellens principes.

Faire des heureux, c'eſt procurer à des hommes une manière d'éxiſter dans laquelle ils puiſſent toujours ſe plaire ; parce qu'ils la trouvent toujours conforme à leur être, qu'une raiſon ſagement cultivée fait adapter aux différentes circonſtances & aux événemens inſéparables de la vie.

Si vous exceptés ceux dont les organes ont été dérangés par quelqu'accident ; il n'y a point d'individu de l'eſpèce humaine, dont on ne puisse faire un homme en s'y prénant comme il convient. Destinés à être tels par la nature, cette mère commune qui ne se fourvoie jamais de son objèt, a mis au-dedans de nous tout ce qu'il fallait pour cela. Le défaut d'hommes ne vient donc uniquement que de la maladresse de ceux qui les forment; & de leur ignorance à faire valoir par une culture convenable, le précieux fond qui leur est confié. Cette même nature en nous créant nous a tous destinés à vivre en société. Elle nous a aussi tous gratifié d'un germe suffisant de vertus & de qualités requises pour cet effèt. Ce n'est donc qu'à ceux qui sont encore chargés de développer ce germe, qu'il faut s'en prendre de la diséte de Citoïens. Il ne serait pas difficile de démontrer qu'on peut également leur attribuer cette pénurie d'hommes contens de leur sort; & qu'enfin tout le mal qui se remarque dans le monde est en très-grande partie, attribuable à l'Institution de ses habitans.

L'Etude des Langues n'est pas absolument nécéssaire pour remplir les trois grands objèts dont je viens de parler. On peut être heureux ; avoir toutes les qualités qui caractérisent même supérieurement l'homme & le Citoïen, sans le secours des Langues. Je dirai plus, on peut encore sans ce secours passer pour avoir beaucoup d'éducation, beaucoup d'esprit ; & en avoir efféctivement. Mais mille événements peuvent nous transférer d'un païs dans un autre, au moment où nous nous y attendons le moins. Il s'ensuit que l'Etude des Langues est au moins de nécessité de moïens dans l'Education.

S'il était irrévocablement décidé à l'instant de notre naissance, que nous n'habiterions pendant le cours de notre vie, que tel coin de la terre, nous pourrions alors rigoureusement parlant, nous contenter d'apprendre la Langue qu'on y parlerait. Mais en notre qualité d'homme, nous devons nous regarder tous comme Cosmopolites : & il est certain que plus nous apprenons de langues pendant notre jeunesse, plus nous nous ouvrons de ressource pour l'avenir.

Le projèt d'une Langue universelle ne

ſerait ſans doute pas ſans de grands avantages pour l'humanité ; mais comme je ne le crois que concevable, je ne m'y arrêterai point.

Tous les hommes ſont tellement nés pour vivre les uns avec les autres, que nous pouvons appeller la ſociété le ſeul charme réel de notre éxiſtence ; & la regarder peut-être, comme la ſeule choſe qui nous attache véritablement à la vie. Je m'imagine que la répugnance des animaux pour leur déſtruction, ceſſerait bientôt dans celui de nous qui ſerait iſolé & condamné à vivre dans un vaſte païs, où il ne verrait aucun de ſes ſemblables. Y trouva-t-il d'ailleurs de quoi y ſatisfaire délicieuſement tous ſes beſoins, même au-delà de ſes deſirs ; je me perſuade qu'il reſterait chés lui un vuide aſſés affreux, pour le forcer à ſe détruire lui-même ; s'il n'avait aucun eſpoir de ſe retrouver avec des hommes, ou s'il n'était retenu par d'autres principes.

C'eſt cet amour naturel qu'on a ſenti de tout tems pour la Société, encore plus que le beſoin qu'on à eu les uns des autres, qui a vraiſemblablement conduit les hommes à inventer d'abord des ſignes pour ſe communiquer leurs idées ; & enſuite des mots pour ſe les exprimer par le moïen de la voix. Les plus habiles penſeurs ont tous cru que le langage des geſtes avait précédé celui des paroles ; & je ſuis volontiers de leurs avis. Quant à la quéſtion de ſavoir ſi les hommes ne parlaient autrefois qu'une même Langue, & à la fixation de l'époque du commencement des divers idiômes ; nous ſavons à ce ſujèt ce que nous apprend la foi. Au fait, il eſt conſtant que ces différens idiômes éxiſtent ; qu'ils ſont uſités chés les différentes Nations ; que ces Nations ſont compoſées de nos ſemblables, d'Etres avec qui nous ſommes nés pour faire ſociété, & parmi leſquels il pourra arriver que nous ſoïons obligés de vivre, ainſi que je l'ai dit un peu plus haut ; il réſulte que plus nous pouvons étendre nos connaiſſances en fait de Langues, plus nous nous mettons à portée d'aſſurer notre ſociété pour tous les tems & pour toutes les circonſtances : plus nous ſommes dans le cas d'étendre nos relations & notre Commerce : plus enfin nous nous rapprochons de l'objèt de notre création.

Qu'il ferait gracieux de pouvoir répondre à quiconque nous demanderait *d'où êtes-vous?* je fuis *de l'Univers* ; c'eft-à-dire, Français *à Paris*, Anglais *à Londres*, Pruffien *à Berlin*, Efpagnol *à Madrid* &c. ou ce qui eft la même chofe: je puis m'entretenir également avec tous les habitans de ces différentes Villes: leur faire entendre que je ne fuis pas plus *antropophage* qu'eux ; mais homme comme eux : que je mérite d'être admis à leur commerce ; même au nombre de leurs amis, par mon humanité & par l'honnêteté de mes mœurs. N'eft-ce pas effectivement là, prefque tout ce qu'il faut pour être partout dans fa Patrie; dans fa Ville ; au milieu de fes Concitoïens? quoi de plus agréable ! *Ideo magno animo nos non unius urbis membris clufimus ; fed in totius orbis commercium emifimus ; patriamquè mundnm profeffi fumus, ut liceret virtutì latiorem campum dare.* Sénec.

Cependant la connaiffance des Langues

ne ſe borne point à ces ſeules utilités, toutes grandes qu'elles ſont. Un Auteur modérne dit avec raiſon, qu'elle nous ſert comme d'introduction aux Sciences. Il n'y a point de doute en effêt, que ſavoir lire & entendre les grands hommes des différens tems & des différens païs ; c'eſt être à portée de faire une infinité de découvertes précieuſes ; de devenir riche de leur propre fond, ſans rien leur ôter de ce qu'ils poſſédent : en un mot de ſe rendre habile preſque ſans qu'il en coûte.

Quels avantages n'eſt pas à portée de ſe procurer en tout genre, celui qui peut conférer avec ces auguſtes perſonnages de l'antiquité : en puiſer les principes & ſe les approprier peu-à-peu : vivre avec eux : voïager avec eux : être témoin de cette nobleſſe ; de cette élévation d'âme ; de ce déſintéreſſement ; de cette haîne contre toute injuſtice ; de cet amour du bien public, qui éclate de toute part dans leurs écrits. Leurs excellentes maximes jettées dans un cœur honnête & préparé, y ſont comme d'utiles ſemences qui ſe dévelopent peu-à-peu, & qui prennent inſenſiblement les accroîssements les plus considérables. Elles le pénétrent & le portent invinciblement à vouloir imiter ce qu'il admire. Quelle source précieuse que ces respectables monuments antiques ! On n'y puise point de fois, qu'on n'éprouve une sorte d'enthousiasme ; & qu'on n'ait envie d'y puiser encore.

Comment est-il arrivé, demande M. l'Abbé de Radonvilliers dans son Livre intitulé *de la manière d'apprendre les Langues*, que la plupart des autres Arts, moins utiles & d'un usage moins étendu, se soient perfectionnés ; & que celui d'étudier les Langues n'ait fait aucun progrès? Un Rudiment, un Dictionnaire, des Thêmes, des Versions : voilà, ajoute-t-il, en abrégé la méthode ancienne, & c'est la seule que l'on suive encore aujourd'hui ; non seulement dans toutes les Ecoles publiques ; mais même dans le plus grand nombre des Ecoles particulières.

La réponse à cette demande est facile à faire. Elle se trouve renfermée partie dans le peu que M. l'Abbé de Radonvilliers lui-même vient de dire, & le reste dans les oppositions qu'il trouvera à faire accépter sa méthode ; dans celles qu'ont éprouvées avant lui ceux qui en ont proposé de sensées : enfin dans celles que rencontreront dans la suite ceux qui oseront en exposer de raisonnables.

Ce Rudiment mal digéré & mal fait, communément encore plus mal expliqué : ce Dictionnaire mal assorti à l'âge des enfans entre les mains de qui il est mis ; à leur pénétration ; au foible degré de leurs connaissances : la manière universelle & invariable de faire faire ces Thêmes & ces Versions dont il parle ; sur des régles fausses, en trop grand nombre & d'une Métaphysique au-dessus de la portée non-seulement des jeunes gens qui s'en servent ; mais même de la plupart des Maîtres qui les enseignent, rendent interminable l'Etude de la Langue Latine ; & ôtent à nos jeunes Concitoïens la possibilité de s'appliquer aux bonnes connaissances, qui devraient entrer dans leur Institution. Elle leur ôte en même-tems celle d'apprendre d'autres langues peut-être plus utiles ; & même la leur, dans laquelle sont souvent fort ignorans ceux dont l'éducation est réputée avoir été le mieux suivie.

M. l'Abbé de Radonvilliers dit ailleurs qu'il sait combien la coûtume est impérieuse; mais qu'il n'ignore point aussi, combien chés nous l'attrait de la nouveauté balance l'empire de la coûtume. Il a peut-être raison; & je suis de son avis en toute autre chose qu'en ce qui concerne l'Education & l'Etude des Langues. Mais en cela il a à coup sûr tort; & on le lui prouvera par le peu de cas qu'on fera de sa Méthode toute nouvelle & toute attraïante qu'elle est. Ce sera beaucoup, si on lui fait l'honneur de la lire avant de croire (comme il le dit) & de juger même que c'est un *autre systême que* [*comme partisan de la nouveauté*] *il veut substituer à l'ancien.* Oui, il peut d'avance s'attendre à ce que dira sa Nation & la mienne: *systême pour systême, que gagne-t-on à changer?* Il sera fort heureux s'il en est quitte à si bon marché; si on ne lui cherche point querelle pour avoir osé s'intéresser au bien de ses Concitoïens dans une partie, qu'une classe d'hommes veut s'arroger exclusivement;

& où elle ſemble juſqu'à ce jour, n'avoir voulû faire ni permettre aucun changement utile.

Les différens idiômes ſont ſans contredit trop multipliés, pour qu'un homme qui n'extravague pas, puiſſe en conſeiller l'étude général dans un plan d'Education publique ou particulière. Il y a donc un choix à faire dans cette étude; & ce choix doit être réglé ſur l'idée qu'on peut avoir de la carrière que doit courrir un homme naiſſant; ſur la fortune & le rang de ſes pères; ſur leur poſition actuelle & future, autant qu'il eſt poſſible de la prévoir par des combinaiſons probables. On ſent aſſés par éxemple, qu'un enfant deſtiné au ſervice, a beſoin de ſavoir les langues des différentes Nations avec leſquelles nous ſommes expoſés à avoir guerre, & celles de nos alliés. Un autre qu'on deſtine au commerce avec l'Etranger, n'y réuſſira que très-difficilement; s'il en ignore l'idiôme. Comme on ne peut raiſonnablement rien ſtatuer de poſitif ſur ce que deviendront les enfans de tout un Roïaume; ni adapter la marche d'une Education publique aux différentes positions particulières de chaque individu ; il résulte que (pour le gros d'une nation, il faut en fait de Langues ainsi que de toutes les autres connaissances) lui dresser un plan d'institution le plus utile possible. C'est toujours là ma conséquence : qu'il faut bien se garder de celui qui est en vogue depuis tant de siécles ; attendu qu'il est vicieux dans tous ses points, & qu'il ne méne à rien le plus grand nombre.

La Langue nationale est sans doute celle que l'on doit spécialement cultiver ; & dont il n'est permis d'ignorer les Principes à aucun de ceux qui veulent passer pour avoir de l'éducation. Elle doit conséquemment tenir le prémier rang entre celles qu'on veut faire apprendre aux enfans. La Française surtout mérite que nos Citoïens en fassent une étude suivie, tant par rapport au besoin que chacun a de savoir bien s'énoncer ; que par rapport à sa beauté même, & encore parce qu'elle est devenüe à la mode dans la plupart des Cours de l'Europe. Elle n'était dans son principe, ainsi que toutes les autres Langues ; qu'un jargon pitoïable, une rapsodie formée de pièces & de morçeaux mal-assortis. Par le laps des tems & le travail de nos Auteurs, elle est devenüe l'une des plus séduisantes du monde ; tant à cause de la tournure & de la forme aisée qui en constitue le vrai génie ; que par la netteté de ses expréssions. C'est à force de la manier & de la remanier, d'en changer des termes & des façons de parler pour y en substituer d'autres, quelle est parvenüe à ce dégré de perfection où nous la voïons.

Si nous n'avions eû que des Collèges, là Langue Française serait encore barbare, ainsi que le remarque un Ecrivain de nos jours. Mais les Académies se sont formées ; les Racine, les Corneille, les Boileau, les Bossuet, les Fénelon, les Vaugelas, les Voltaire, & tant d'autres ont écrit. Ces belles plumes l'ont perfectionné & fixé peu-à-peu. L'illustre Abbé d'Olivet, qui me faisait la grace de m'aimer, a aussi beauconp fait pour l'embellir ; & y a réussi autant qu'aucun autre. Mais à quoi servent en ce genre les productions de ces grands hommes ; si une habitude ridicule, une opiniâtreté invincible pour une routine qu'on ne saurait assés blâmer, nous empêche d'en tirer avantage dans notre Institution publique ?

Les Grecs n'étudiaient que leur langue, & même le bas peuple parlait chés eux si élégamment (surtout à Athênes) qu'une femme des halles y reconnut Théophraste pour étranger à la seule différence de sa Dialecte. Quoiqu'ils aient emprunté beaucoup de connaissances des Egyptiens, ils n'eurent pourtant point chés eux d'Ecoles Egyptiennes ; & nous autres Français nous n'avons que des Ecoles Latines. Encore quelles Ecoles ! quel Latin !

Les Romains commencerent à étudier la Langue Gréque après la seconde guerre contre les Cartaginois. Ils avaient sans doute senti dans cette guerre la nécessité de savoir l'Idiôme d'un païs où ils s'étaient trouvés deux fois obligés de vivre ; où ils prévoïaient qu'ils pourraient être contraints de se retrouver une troisième, une quatriéme fois & plus. Nous sommes dans le même cas par rapport à certains

certains peuples qui nous environnent, & nous ne nous empréſſons pas d'en apprendre les idiômes. D'ailleurs, les Romains ſavaient tous parfaitement leur Langue; & le Gréc ne faiſait pas à beaucoup près, tout le fond de leurs études, comme le Latin chés nous. La langue du païs y avoit la préférence ſur toutes les autres; & rien ne parait ſi raiſonnable. Mais chés nous quoiqu'on y raiſonne peut-être plus que partout ailleurs; on s'y pique peu de raiſon en ce point.

Il eſt humiliant, & en quelque ſorte déshonorant pour nous de rencontrer tous les jours des Etrangers, qui parlent le français avec plus de netteté & de pureté que nos Citoïens même inſtruits; où que du moins on devrait réputer tels, à en juger par le tems conſidérable qu'on a emploïé à les élever. Nous devons ſentir nous tous qui nous mêlons d'inſtitution, de quel ridicule nous nous couvrons dans l'opinion des Nations qui nous avoiſinent, par cette pratique de négliger notre langue (pratique génerale dans toutes nos maiſons d'Education publique). Cependant nous continuons toujours de n'enseigner que du Latin; & du Latin tel que nous le savons. Je le répète encore, pour parvenir dans un immense espace de tems, à inculquer à nos éleves notre ignorance sur cette langue morte; nous sommes obligés de bannir absolument de nos Ecoles, l'Etude des Langues vivantes; celle de la nôtre même; & toutes les autres connaissances utiles ou nécéssaires.

Quand je dis nous sommes obligés: ceci doit s'entendre dans toute la rigueur du terme; car aucun de nous ne peut s'écarter du pitoïable plan usité; sans s'exposer aux véxations & aux calomnies d'une clique nombreuse. M. du Marsais & autres l'ont éprouvé avant moi; M. du Mas en a été la victime. Ce dernier n'a innové que dans une partie bien moins importante que l'Etude des Langues. Il a seulement annoncé de son invention une excellente méthode pour apprendre à lire; & comme l'a remarqué M. l'Abbé Cauillier, il aurait beaucoup mieux fait pour sa fortune & pour son repos, d'inventer un ruban.

Il est présumable que tant que le Gouvernement ne se mêlera point de l'Education, une funeste habitude enracinée depuis longtems & soutenüe par des hommes aussi ennemis du bien public, que de ce qui peut le plus contribuer à la solidité & à la gloire de l'Etat, s'opposera toujours aux généreux efforts de ceux d'entre-nous qui voudront s'en écarter par amour pour la Patrie : & jamais on ne leur laissera que la cruelle alternative, ou d'être au moins le plus injustement tourmentés, calomniés, honnis; ou de suivre sans mot dire une routine extravaguante, généralement désapprouvée de tous les gens de mérite, qui ont pris la peine de l'éxaminer.

Les Romains, peuple que ceux de l'Univers entier devraient se proposer pour modéle en toutes choses, regardaient l'Etude de leur Langue, après le soin des mœurs, comme la partie la plus essentielle de l'éducation de leurs jeunes Citoïens. Ils recherchaient la pureté du langage, jusques dans les Nourrices, quand ils étaient obligés d'en donner à leurs enfans (*a*). On recommandait à ces Nourrices d'être soigneuses de ne laisser échapper aucune expréssion mauvaise, de se garder de toute prononciation vicieuse en leur présence; de peur qu'ils ne se fûssent accoutumés dans leur enfance à des manières de parler, qu'ils auraient été obligés de désapprendre ensuite (chose difficile, ainsi que le remarque Quintilien) parce que les premières impréssions qui se gravent en nous dans nos tendres années, y tiennent d'une manière on ne peut plus opiniâtre.

Après l'époque de la seconde Guerre Punique, presque tous ceux d'entre les enfans Romains, qu'on destinait aux emplois de la République, étudiaient la Langue Gréque & même de très-bonne heu-

(*a*) J'ai dit dans mes Essais sur les abus de l'Education actuelle & les moïens de les rectifier, que les Dames Romaines même de la plus haute condition, nourrissaient elles-mêmes leurs enfans; qu'elles ne se dispensaient de cette obligation de mère, que pour les raisons les plus fortes; qu'en conséquence les enfans Romains étaient sains, vigoureux & robustes, à la différence de grand nombre de ceux de cette Capitale qui sont rachetiques, bancaux, estropiés &c.

re. On ne ſe bornait point, dit M. Pluche, à les mettre en état de l'entendre ; on voulait qu'ils la parlâſſent. Ils en ſaiſiſſaient toutes les différentes beautés ; mais en même-tems ils ſavaient on ne peut mieux, s'énoncer dans leur langue naturelle. Nos jeunes gens après tant d'écritures & de compoſitions en latin, ne ſavent ni l'écrire ni le parler ; & n'ont communément au ſortir de leurs longues études, qu'une connaiſſance très-imparfaite de leur propre idiôme. Cependant, ainſi que le remarque le même M. Pluche, il devait certainement en coûter bien davantage aux Romains pour apprendre le Grec, qu'à nous pour apprendre le Latin. La raiſon qu'il en donne eſt démonſtrative : notre idiôme ainſi que l'Italien, l'Eſpagnol & ceux qui ſont uſités dans les régions méridionales de l'Europe, ont tous été tirés du Latin : nous retrouvons conſéquemment dans cette langue une infinité de traits d'analogie, qui doivent nous en faciliter l'Etude. La Langue Romaine au contraire n'avait aucune reſſemblance ni aucune affinité avec la Langue Gréque, qui pût en rendre aux jeunes Romains l'accès plus aisé.

Aïant moins d'obstacles à vaincre, nous devrions donc aller bien plus vîte & plus loin dans la connaissance du Latin, qu'eux dans celle du Gréc. Mais il s'en faut bien qu'on ait pensé jusqu'à cette heure à tirer avantage de cette analogie qui serait si utile, étant maniée par un Maître entendu ; & que peut-être on devrait regarder comme l'un des plus sûrs moïens pour abréger cette étude : nous avons laissé perdre comme chose de nulle valeur un Dictionnaire analogique, le seul qui ait été fait jusqu'ici & qu'on pouvait mettre entre les mains des enfans ; qui à coup sûr en auraient tiré plus de profit que de tout autre. Ce Dictionnaire précieux a été rejetté des Collégistes. Les Maîtres de Pension servilement soumis à la marche des Régens, & les Instituteurs particuliers n'en ont fait non plus aucun usage. Le Libraire pour en débarasser sa boutique, a été décisivement forcé de le vendre à la livre. Tel est à-peu-près le sort qu'ont eu tous les excellens Ouvrages du célébre M. du Marsais dans le genre Didactique. Cependant l'utilité que je vois manifeſtement que peut produire un pareil Dictionnaire, m'a fait entreprendre de le recompoſer. Il ſera partie de ma Méthode pour la Langue Latine. Si comme je m'y attens preſque, on refuſe d'en faire uſage; ſon peu de ſuccès n'en diminuera point le mérite intrinſéque.

Nous ignorons preſque tous au ſortir de nos infiniſſables Etudes, le génie de la Langue Latine, le tour & l'expreſſion convenable pour le bien parler ou écrire. Les Romains dans un âge peu avancé ſavaient les termes propres, & n'étaient pas moins habiles dans l'aſſemblage que dans le choix des mots de la Langue Gréque. On les amenait à cette habileté, non par un travail de forçat, non par une application ſuivie auſſi contraire à la ſanté des enfans, que propres à les rebuter, & à émouſſer leurs diſpoſitions. Voïci tout unimentcomme on s'y prenait. Dès qu'un enfant commençait à marcher, on mettait auprès de lui un eſclave gréc ou d'un ſéxe ou de l'autre. On avoit ſeulement ſoin de choiſir cet eſclave inſtruit : &

ſans plus de leçons, ſans plus d'efforts, ſans plus de corrections qu'on en emploïe pour apprendre ſa Langue nationale à un homme naiſſant; on parvenait à leur rendre le Gréc auſſi familier & en auſſi peu de tems, qu'on en aurait mis à les familiariſer avec la Langue Latine. Quintilien nous dit que certains parens faiſaient même marcher ces deux Langues d'un pas égal & en même-tems: que d'autres, ſoigneux juſqu'à l'inquiétude de l'avancement de leurs enfans dans la connaiſſance du Gréc; les contraignaient pendant pluſieurs années à ne parler & à n'apprendre que cette Langue: mais il obſerve que ceux qui prîrent ce dernier parti, s'apperçûrent quand il fallut en revenir à la langue nationale, que la prononciation & le tour du langage étaient devenus étrangers. Cela fut cauſe que les parens les plus prudens continuèrent bien de mettre de très-bonne heure leurs enfans dans la compagnie des Grécs; mais ſans leur interdire celle de leurs Citoïens. Au reſte ce défaut de prononciation & de tour Latin ne devait ſûrement être que momentané.

On voit de tout ceci que l'usage était la premiere Méthode dont on se servait dans l'ancienne Rome pour y apprendre les Langues ; & que les progrès rapides qu'y faisaient les enfans, y étaient dûs à une culture tout opposée à la nôtre. Ils apprenaient le Grec, dit M. l'Abbé de Radonvilliers, comme ils apprenaient le Latin ; dans la maison de leurs peres ; & uniquement par la conversation. Lorsqu'ils entendaient cette Langue, ils allaient à l'Ecole des Grammairiens pour apprendre à bien prononcer, à lire avec goût & à pénétrer le sens des Auteurs. Ils commençaient, ainsi que le dit M. Pluche, par béguaïer le Grec avec ceux qui le parlaient bien ; ensuite ils le parlaient avec assurance, & enfin ils l'écrivaient avec grace. Parmi nous c'est tout le contraire : on commence par composer le Latin, ensuite par l'interpréter : & on finit par ne pouvoir ni le parler, ni l'écrire. Si on en apprend quelques commencemens, ce sont des enfans de sept ou huit ans qui produisent ce Latin du creux de leur cerveau. Pour leur enseigner cette

Langue, nous commençons par leur faire apprendre les règles grammaticales : & quelle Grammaire leur donnons-nous?

Je suis persuadé, avec M. l'Abbé de Radonvilliers, qu'on a cru avoir fait la plus belle découverte du monde ; quand on a eu imaginé de joindre l'étude de la Grammaire à celle du Latin : & qu'aïant pensé qu'une Langue était la collection des mots qui la composent, assemblés selon certaines règles connues ; on s'est imaginé mettre infailliblement les enfans au moïen de deux livres élémentaires, dont l'un contiendrait tous les mots & l'autre toutes les règles, à portée de s'accoutumer par les compositions à entendre le Latin & à l'écrire. Je suis convaincu, dis-je, que ces penseurs subtils se seront applaudis de leur invention ; sur la conséquence d'un raisonnement faux & nullement proprtionné aux procédés de l'esprit humain encore naissant.

On a donc composé un Dictionnaire & un Rudiment d'après ces ingénieuses idées. Ce Dictionnaire contient la signification des mots : mais n'étant point posble qu'il enseigne celle qu'il faut choisir, & ces mots prénant des significations diverses, selon les différentes propositions dans lesquelles ils sont cousus; les enfans sont exposés à les prendre dans une acception pour l'autre, & n'y manquent presque jamais. Ils ne sont guères plus heureux dans l'usage qu'ils font du Rudiment, qui contient une infinité de régles au-dessus de leur portée, & desquelles le plus grand nombre se trouve malheureusement encore ou contredites, ou désavouées par ceux qui ont le mieux écrit dans la Langue Latine. Je n'excépte même pas de ce que je dis ici sur ces livres élémentaires, celui qui en dernier lieu a été composé par M. Tricot; & dont on se sert maintenant dans tous nos Collèges de Paris ainsi que dans beaucoup de ceux de nos Provinces. Je dis au contraire que ce Rudiment tant en vogue, contient une infinité de règles données comme infaillibles aux enfans, qui sont absolument fausses; & que la plupart des autres y sont exposées d'une manière si obscure, qu'il leur est impossible de les entendre. Comment ne s'écarteraient-ils point avec de pareils guides?

L'Etude du Latin avec ces Rudiments & ces Dictionnaires, est une espèce d'algèbre, où on les fait aller sans rien comprendre; d'une difficulté en un mot presque insurmontable (*a*). On ne doit donc pas s'étonner si on y emploïe autant de tems. Toute Langue est une science pratique, & toute science pratique ne s'apprend que par l'éxercice. On mettrait vingt ans pour apprendre à quelqu'un les meilleurs principes d'écriture par la seulle théorie, qu'il n'y serait guères plus habile. Il le deviendra au contraire, même presque sans leçons, si vous le faites écrire beaucoup, & sur de bons éxemples qu'il tâchera d'imiter. Si on me répond que c'est bien aussi de l'éxercice dont on entend tirer parti, & que rien n'y est plus conforme

---

(*a*) Il semblait (dit le Pere Lami à l'occasion de la Méthode dont on s'est servi pour lui enseigner le Latin, & qui était celle dont on se sert encore) il semblait qu'on me mettait la tête dans un sac; & qu'à coup de foüet on me forçait d'avancer.

que ce qu'on fait au Collége; je dirai qu'on abuſe des termes.

Quand il eſt venu à la penſée du premier inventeur de Méthode pour enſeigner la Langue Latine par un Rudiment, des Dictionnaires & des Thêmes : quand il lui eſt venu à l'idée (dis-je) de compoſer d'abord & publier enſuite cette Méthode; elle était dès-lors très-dangereuſe ſans doute : mais certainement elle l'eſt encore devenüe bien davantage depuis, & voici pourquoi. Cette Méthode s'introduiſit vraiſemblablement chés nous lors du renouvellement des lettres. Dans ce tems-là on ne mettait point à beaucoup près les enfans auſſi jeunes dans les études, qu'on les y met aujourd'hui. Ils avaient communément quinze à dix-huit ans & quelquefois plus ; quand ils entraient dans l'épineuſe carrière du Latin. Leur jugement plus formé qu'il ne l'eſt à ſix ou ſept ans (âge où nous faiſons aujourd'hui commencer l'étude de cette Langue), les mettait à portée d'entendre au moins à peu près les régles, qui d'ailleurs n'étaient vraiſemblablement ni en auſſi grand nombre, ni aussi obscures qu'elles le sont actuellement. Leur santé plus assurée pouvait encore supporter avec moins de risque, le travail pénible qu'éxige indispensablement cette marche.

Chaque Langue a ses tours & son génie particulier. Prétendre apprendre les Langues étrangères par la synthèse ou composition ; c'est pour nous, risquer d'apprendre à parler Latin, Allemand, Italien, en Français : c'est-à-dire, à prononcer dans les tours & dans le génie de notre Langue des mots Latins, Italiens ou Allemans. C'est pour me servir des termes de M. Pluche, tordre ces Langues au gré de nos oreilles ; tandis qu'il faut accoutumer nos oreilles & notre langage au caractère particulier de ces Langues ; si nous voulons passer pour les savoir & être entendu de ceux qui les parlent. C'est en un mot s'exposer à perdre ridiculement son tems, comme fit l'Anglais cité par cet Auteur, & fort à propos pour faire ouvrir les yeux sur ce vieil abus de notre Institution. Voici quelques phrases de la composition de cet habitant de

Bristol, qui s'était donné beaucoup de mal sans doute, pour apprendre le Français par des Rudimens, des Dictionnaires; & comme on nous fait apprendre le Latin.

» Il observe dans un morçeau de terre » qui avoit trop crû en arbrisseaux & en » brossailles, une petite colonne de la» quelle la tête apparaissait équitablement » au-dessus des ronces avec la figure de » la sphère, & du cylindre au-dessus. Ce» ci il présentement dit à la compagnie, » était la chose, laquelle ils étaient cher» chans pour. Puis en voïant là un peu » d'hommes pour éclaircir la terre de ron» ces & de buissons, il trouvait l'Inscri» ption aussi qu'il entendait; quoique la » dernière part de tous les vers fut effa» cée; ainsi, dit-il, une des plus nobles » cités de Gréce, & à la fois pareille» ment la plus savante aurait connu rien » du mouvement de son le plus méritant » & ingénieux Citoïen, s'il n'avait pas été » découvert à eux par un natif d'Arpi» num ». Tel est l'échantillon des progrès d'un Anglais dans l'Etude de notre

Langue, qu'il a cru pouvoir apprendre par la synthêse. Ce pitoïable français ou plutôt ce galimathias inintelligible ne pêche point contre les régles de la Grammaire ; mais il pêche contre le tour & le génie de notre idiôme, & dans le choix des mots. C'en est assés pour que ce ne soit plus que des sons français qui n'expriment aucune idée, ou qui n'en n'expriment que de manière à n'être entendues de personne. Tel doit être, & tel est à peu près le sort des Thêmes que l'on fait faire aux enfans. Leur galimathias n'est pas plus du Latin, que celui de notre habitant de Bristol n'est du français. Jugés de l'utilité d'une pareille occupation.

Les anciens Romains connaissaient la Grammaire ; mais ils n'avaient garde de s'en servir pour apprendre les Langues. Ils les apprenaient par l'usage, & se perfectionnaient dans leur connaissance, par l'Etude des principes. Qu'on cherche tant qu'on voudra, il n'y a point d'autre route que celle-là, surtout pour les enfans. C'est en l'entendant parler & en répétant ce

que

que nous avions entendu, que nous avons tous appris notre Langue naturelle; c'est de la même manière, & uniquement de la même manière, que nous pouvons apprendre les autres, & le Latin même.

M. Pluche l'a très-bien remarqué, la suite presqu'inévitable des longueurs de l'étude du Latin par la synthêse, celle de tant de leçons prématurées, & absolument au-dessus de la portée des enfans; c'est de leur rendre haïssable toute étude, & de ne leur laisser pour les âges suivans, qu'un affreux dégoût de toutes les connaissances. Quel pensés-vous que soit enfin le résultat de ce dégoût? Le voici, & je crois déjà l'avoir insinué autre part. Le libertinage, la dissolution des mœurs, le mépris de tous les principes, l'engourdissement dans une inaction dangereuse, l'activité pour les seules choses frivoles & condamnables, la chûte dans mille écarts, dans mille désirs déréglés; qu'on n'a point d'armes assés fortes pour pouvoir repousser & combattre; les crimes de tout genre: & pour la Patrie, la perte d'une infinité de Citoiens qui lui eussent été utiles.

Quand on ne perdrait dans les études que les trois quarts du tems qu'on y emploie, assurément ce serait déjà un mal assés grand pour mériter qu'on y apportât le remède le plus prompt. Or il est évident par les expériences faites sur toutes les Langues connües, que cette perte va au moins là, même pour ceux qui se distinguent; puisque quelqu'autre Langue que vous supposiés, s'apprend très-bien & sans peine, en deux ou trois années; tandis qu'on en met dix ou douze à apprendre fort mal le Latin avec un travail très-pénible. Il en résulte bien d'autres maux, tant pour les Citoïens individuellement pris, que pour le corps de la société; & dont on voit tous les jours les tristes épreuves, mais sans y faire attention.

Il est certain que composer dans une Langue avant de la savoir, c'est courir risque de ne l'apprendre jamais, même en y mettant toute son application. L'enseigner à des enfans par cette méthode, c'est les conduire dans des écarts, desquels ils ne reviendront pas; parceque si on ne se défait qu'avec beaucoup de peines des mauvaises habitudes en général, celle de mal parler, étant enracinée de longue main, réſiſte encore plus que toutes les autres au travail & aux efforts qu'on peut faire pour s'en corriger dans la ſuite.

La méthode uſitée ne pourrait tout au plus être ſupportable, qu'autant que l'Etude de la Langue Latine ſerait uniquement celle des mots & des règles de Syntaxe : encore faudrait-il pour cela, rédiger la Syntaxe qui éxiſte, en extraire tout ce qui eſt pur galimathias & principes faux ; c'eſt-à-dire, qu'il en faudrait faire une nouvelle qui fût d'accord avec le bon ſens ; & la ſubſtituer à l'ancienne, qui n'y a preſque rien de correlatif. Je le répète encore, l'eſprit en chaque Langue a ſa forme particulière, ſa tournure propre qu'il faut atteindre : les Langues en changeant les ſignes, modifient auſſi différemment les idées que ces ſignes repréſentent. Quiconque n'eſt point encore parvenu à cette forme & à cette tournure, n'eſt pas plus habile dans la Langue à laquelle il s'eſt appliqué, que l'Anglais dont j'ai parlé, ne l'était dans le Français. Il peut ſeulement en rendre à-peu-près les ſons ; mais ces ſons mal liés & mal aſſortis ou n'exprimeront aucunement les idées qu'il voudra exprimer, ou ne les exprimeront que très-gauchement.

Il y a une impossibilité absolue de parvenir à la forme & à la tournure qui convient au Latin ou à toute autre Langue, en l'apprenant par la composition. Les Langues ne doivent ni leur éxistence, ni leur perféction à des règles préalables. C'est le hasard ou le caprice qui a décidé du choix des mots, de leur signification, de leur assemblage, de leur fixation, de la manière de les coudre, de celle de les prononcer, ainsi que de leurs variations innombrables, qui en rendent les étymologies on ne peut plus incertaines. Si on veut avoir recours aux règles dans l'apprentissage des Langues, il faudra présque multiplier ces règles autant que les expréssions en sont multipliées, autant qu'elles ont de manières de s'enchâsser dans le discours. Le nombre en deviendra infini, & la totalité vingt fois plus difficile à retenir que la Langue entière. Supposons cependant qu'on puisse parvenir à n'en ignorer aucune; en sera-t-on beaucoup plus avancé avec toute cette belle théorie? La composition française de nôtre Habitant de Briſtol, qui s'étoit donné la peine d'apprendre par cœur la plus grande partie des règles de notre Langue, à l'imitation de la marche qu'on lui avait fait tenir au Collège pour le Latin, nous prouve aſſés que non; & cette preuve ſe confirme par l'expérience prèſque générale de nos Etudians.

La connaiſſance de toutes les règles d'une Langue n'eſt abſolument néceſſaire qu'au Grammairien qui veut raiſonner ſur ſa combinaiſon; & l'Etude d'une Grammaire ne convient qu'à ceux qui ſavent déjà parler, pour les affermir tant dans la prononciation que dans l'arrangement des mots: encore faut-il pour bien faire que cette Grammaire ſoit facile à entendre, & qu'elle ne renferme que des principes vrais; ſi elle entre dans le détail des règles particulières, des différentes manières de parler; elle deviendra néceſſairement longue, obſcure, compliquée, & ſouvent contradictoire à elle-même. Peut-être auſſi que loin de rendre alors notre diſcours plus ferme, elle le rendrait plus timide, en nous aſſerviſſant involontairement à des loix que nous obſerverions mieux en les connaissant moins. C'est encore sur l'expérience que je fonde cette probabilité qui pourra devenir une vérité incontéstable.

L'avantage que nous avons d'écrire plus corréctement que les femmes, au moïen de quelques principes retenus dans le long cours de nos Etudes, au moïen de quelqu'application particulière donnée à celle de notre Langue, n'est certainement pas difficile à acquérir. Ce sera tout au plus pour les Dames l'affaire de cinq à six mois de Leçons, quand elles voudront s'en donner la peine; ce que je leur conseillerais d'autant mieux que cette connaissance aisée, tournerait considérablement à leur avantage dans l'opinion des hommes.

On ne manquera pas d'opposer à tout ce que je viens de dire, qu'on ne saurait exceller dans aucune Science sans en avoir étudié & approfondi les principes tant généraux que particuliers. Ce raisonnement incontéstable pour les connaissances de spéculation, ne l'est point également pour celles de pratique. Je crois en avoir suffisamment donné de preuves. La Grammaire n'a donc point été inventée pour apprendre les Langues, mais pour se perfectionner dans celles qu'on fait déjà par habitude. Que l'habitude même puiſſe ſeule mener à cette perfection, cette vérité nous eſt démontrée par grand nombre de femmes qui parlent très-corrèctement leur Langue, ſans ſe douter de ſes principes. Je conviendrai ſeulement qu'elles ſont moins ſûres dans la pratique que le petit nombre de nous qui en avons fait une étude raiſonnée; & que dans ce cas l'Etude de la Grammaire n'eſt pas inutile. Auſſi ne prétens-je point en détourner à beaucoup près: je voudrais même qu'elle fût une partie de l'Education tant des femmes que des hommes; mais je deſirerais que (comme dans l'ancienne Rome) cette Etude n'eût point lieu chés nous, que nous ne nous fûſſions auparavant mis dans le cas d'en profiter: & puiſque l'uſage a préſidé ſeul à la création des Langues, comme le dit très-bien M. Pluche; puiſqu'il y décide de tout; je voudrais avec ce même Auteur & pluſieurs autres, qu'il en fût auſſi le prémier Maître: je crois même en avoir aſſés démonſtrativement fait ſentir la nécéſſité en expoſant ce qui réſultait de la pratique contraire.

Il y a dans la Langue Françaiſe, Latine & autres, des manières de parler dont on ne ſauroit rendre d'autres raiſons; ſinon que telles expreſſions ſont conſacrées par l'uſage pour ſignifier telles choſes. Aſſervir à des règles ces manières de parler, c'eſt néceſſairement multiplier ces règles à l'infini, ainſi que les excéptions aux principes généraux. Forcer les enfans à apprendre toutes ces règles, & toutes ces excéptions; c'eſt les accabler nécéſſairement d'un travail auſſi long qu'ennuïeux & pénible : c'eſt les obliger de charger leur mémoire de choſes inutiles; puiſque ces manières de parler ne peuvent s'apprendre que par l'uſage; auquel ils ſeront contraints de revenir, tant pour cela que pour le fond de la Langue qu'ils étudient; s'ils veulent la ſavoir.

Toutes les Langues ſont de même nature, & ſe reſſemblent prèſque en tout, quant aux principes. Les expréſſions & les tournures en conſtituent les ſeules différences conſidérables. N'eſt-ce donc point encore un abus énorme, en voulant faire d'eux des Grammairiens (choſe impoſſible) d'appliquer les enfans à la Grammaire Latine, par préférence à celle de leur Langue naturelle; qui leur coûterait infiniment moins de tems & de peines; & qui produiroit le même effet? Les trois quarts & demi des enfans, après huit à dix ans d'études, n'entendent point ces principes, qu'ils n'ont vu appliqués qu'à une Langue qui leur eſt étrangère. Ils les entendraient en moins de dix mois dans la leur; quelques faibles que fuſſent leurs diſpoſitions; ſur-tout pour peu qu'on les leur expoſât clairement: & ils y parviendraient ſans aucun travail. La différence eſt grande ſans doute, & mériterait qu'on y fît attention. N'eſt-il pas affreux que par la pratique contraire, le plus grand nombre de nos jeunes gens au ſortir de leurs Etudes, ne ſachent point l'Ortographe Françaiſe; péchent contre les règles qu'elle preſcrit, & ſouvent même dans les points les plus faciles. En un mot, tout éxaminé, il ſemblerait en vérité, qu'on a pris à tâche dans notre Education, de ne nous mener à rien par le plus long chemin poſſible.

Il ne ſera pas hors de propos de dire ici comment Montaigne apprit la Langue Latine. Voici comme il s'énonce lui-même à ce ſujet.

« Je dirai une façon qui a été eſſaïée pour » moi-même : s'en ſervira qui voudra. Feu » mon père avoit fait toutes les recherches » qu'on peut faire parmi les gens ſavants & » d'entendement, d'une forme d'inſtitution » exquiſe; lorſque j'étois encore en nourrice: » & avant le premier dénoüement de ma » langue, il me donna en charge à un Alle- » mand, qui depuis eſt mort fameux Méde- » cin en France, du tout ignorant de nôtre » Langue, & très-bien verſé dans la Latine. » Cettui-ci qu'il avoit fait venir exprès, & » qui étoit chérement gagé, m'avoit toujours » entre les bras. Il eut auſſi avec lui deux au- » tres moindres en ſavoir pour me ſuivre, & » ſoulager le prémier. Cettui-ci ne m'entre- » tenoit d'autre Langue que Latine. Quant » au reſte de la maiſon, c'étoit une règle in- » violable que ni lui-même, ni ma mère, ni » valèt, ni chambrière ne parloient en ma » compagnie qu'autant de mots de Latin que » chacun en avoit appris pour jargonner avec » moi. C'eſt une merveille du fruit que cha-

[illegible] y fit. Mon père & ma mère y apprîrent assés de Latin pour l'entendre, & en acquirent à suffisance pour s'en servir à la nécessité; comme firent aussi les autres domestiques, qui étoient plus attachés à mon service. Somme, nous nous latinisâmes tant qu'il en regorgea jusqu'à nos Villages tout autour; où il y a encore, & ont pris pié par l'usage, plusieurs appellations Latines d'Artisans ou d'outils. Quant à moi, j'avois plus de six ans avant que j'entendisse non plus de François ou de Perigordin, que d'Arabesque. Et sans art, sans livre, sans Grammaire ou préceptes, sans foüet & sans larmes, j'avois appris du Latin tout aussi pur que mon Maître d'Ecole en savoit; car je ne pouvois l'avoir mêlé ou altéré.

» Si par essai on me vouloit donner un » Thême à la mode des Collèges; on le donne » aux autres en François; à moi il me le falloit donner en mauvais Latin pour le tourner en bon: & Nicolas Grouchi qui a écrit *de Comitiis Romanorum*; Guillaume Guerente qui a commenté Aristote; Georges Buchanan ce grand Poëte Ecossois, &

» Marc-Antoine Muret que la France & l'I-
» talie reconnoissent pour le meilleur Ora-
» teur de nôtre tems; m'ont dit souvent que
» j'avois le langage si prêt & si à la main qu'ils
» craignoient de m'acoster. Mais comme ceux
» que presse un furieux desir de guérison se
» laissent aller à toute sorte de conseil ; mon
» père aïant extrême peur de faillir en chose
» qu'il avoit tant à cœur : se laissa enfin em-
» porter à l'opinion commune qui suit tou-
» jours ceux qui vont devant, comme les
» grues ; & se rangea à la coutume, n'aïant
» plus autour de lui ceux qui lui avoient donné
» ces premières instructions..... Il m'envoïa
» environ mes six ans au Collège de Guienne,
» très-florissant alors & le meilleur de la
» France. Mon Latin s'abatardît incontinent,
» duquel depuis par désaccoutumance j'ai
» perdu tout l'usage ».

Cependant Montaigne eut pour Proféseur dans le Collège de Guienne à Bordeaux, ces quatre Personnages les plus habiles de leur tems, dont il parle lui-même ci-dessus: mais les Maîtres les plus savans & les plus éclairés ne peuvent pas rendre bonne une Méthode mauvaiſe en ſoi, ni déranger les conſéquences qui ſuivent néceſſairement d'une pratique abuſive.

Pour moi, je me contente de faire apprendre en Français à mon Elève les Principes généraux de la Grammaire; quand il ſait déjà ſa Langue, & que ſon âge le met à portée d'entendre ce qu'il apprend. Je le fais enſuite paſſer à d'autres Langues. Je ne lui donne ni Rudiment, ni Méthode, ni Particules, mais un Livre élémentaire d'abord, où ſont contenus les huit mots qui entrent dans le diſcours. Quand il eſt à portée de pouvoir à peu près diſtinguer à l'expreſſion chacun de ces huit mots (ce qui n'eſt point un ouvrage de longue haleine) alors, ſi c'eſt le latin que je lui montre, nôtre table de travail n'eſt chargée que de quelque bon modèle de l'antiquité; dans lequel nous apprenons en même tems l'expreſſion, la tournure & le vrai génie de cette Langue. Si à l'aide des cahiers de principes français qui compoſent ma Syntaxe, mon diſciple peut à la fin de la leçon reconnaître ſans travail & preſque de lui-même, les règles grammaticales qui s'y rencontrent, je me prête volontiers à ce petit éxercice : sinon nous le remettons à un tems plus éloigné ; & l'usage, le seul vrai Maître de Langues, devient ainsi seul le notre. Quand par son moïen nous saurons celle qui nous aura occupé, si (chose dont je doute) les principes ne nous sont pas venus insensiblement & sans peine au moïen de leur comparaison, & de leur ressemblance avec ceux de la nôtre ; une étude de peu de tems suffira certainement pour nous y rendre habiles, & cette étude ne sera ni difficultueuse ni rebutante.

Il me reste à parler des Langues que je crois qu'on doit admettre dans un Cours d'Education publique.

S'il n'est pas possible d'enseigner toutes les Langues aux enfans pendant le cours de leur jeunesse, il y en a aussi beaucoup dont ils peuvent se passer ; sans qu'il leur en résulte un désavantage considérable, même dans le cas des événemens sur-tout ordinaires.

Je saurais également mauvais gré à mes parens de m'avoir fait emploier une partie du tems de mon adolescence, pour apprendre à parler la Langue qu'on parle à Monomotapa; comme je leur en voudrais de ne m'avoir pas donné des Maîtres de Langues Anglaise, Allemande & Italienne; s'ils eussent été à portée de cela. La raison en est simple, c'est qu'ils n'ont point dû présumer que j'eûsse jamais affaire à Monomotapa; tandis que réfléchissant un peu, il leur eût été très-possible de sentir que je pourrais avoir besoin en Angleterre, en Italie, en Allemagne; & être même engagé par des motifs importants, à y fixer mon séjour.

On voit d'abord à quoi je veux tendre par ce début. Il n'y a point de doute que nous devons nous appliquer plutôt aux Langues de différens Peuples qui nous environnent, qu'à celles dont nous prévoïons n'avoir jamais besoin : mais nous ne devons toutefois y donner notre étude que quand nous sommes parvenus à la connaissance de la nôtre: j'en reviens toujours là. C'est la marche de laquelle les Romains ne se sont jamais écartés. Je ne crois même point (malgré l'usage de quelques-uns d'entr'eux par rapport à la Langue Grecque, & le conseil que donne

Cicéron à son fils,) je ne saurais me persuader, dis-je, que dans l'âge tendre surtout, il soit possible d'allier ensemble l'étude d'une autre Langue & celle de la sienne; je m'imagine au contraire, que suivre à la fois deux pareilles études & n'en faire qu'une seule avant que le jugement soit formé, & l'intelligence développée; c'est s'exposer à ne retirer aucun fruit ni de l'une ni de l'autre.

L'ésprit de l'homme naissant ne ressemble pas mal, selon mon opinion, à un aveugle qu'il faut mener pas à pas. Si nous n'apportons point les plus grandes précautions en le conduisant, nous risquons qu'il n'arrive à aucun terme : si nous lui faisons prendre plusieurs routes, nous l'égarons nécessairement; & si nous le menons dans un chemin difficile, il se rebute.

Imitons, par rapport à l'Education en général, cette sage Maîtresse que j'ai déjà nommé tant de fois, *la Nature*. Nous ne nous écarterons pas, tant qu'elle nous servira de guide. Quelle subordination ne met-elle point dans ses opérations & dans ses procédés? Si elle veut faire un Géant, elle commence

mence par former un embrion, qui s'accroît par dégrés; & qui parvient enfin aux dimensions qu'elle s'était proposées à l'instant de sa conception. A quelque point de production que nous puissions l'examiner, nous la trouvons toujours en proportion avec son objet. Elle développe peu-à-peu un germe présque impérceptible dans son principe; commence par les parties les plus essentielles, pour passer ensuite à celles qui le sont moins; & ne force jamais sa marche. C'est l'ordre que nous devons suivre non seulement par rapport aux Langues; mais pour toute autre étude quelleconque.

Je crois qu'il est indispensable dans un Etat policé comme le notre, d'avoir des Ecoles publiques des Langues usitées dans les Etats voisins. Il n'y a point de doute que ces Ecoles seraient beaucoup plus utiles à nos Citoïens, que celles où l'on va présque à coup sûr, risquer après des expériences très-multipliées, tout le tems de la jeunesse, qui naturellement parait destiné à des emplois plus précieux. Est-il possible que malgré ce qu'ont pu dire jusqu'ici contre ce pernicieux abus, tant d'habiles gens qui ont écrit sur l'Éducation ou en France ou dans les autres parties de l'Europe; est-il concevable, dis-je, que dans ma Nation & dans bien d'autres, cette Langue morte ait toujours la palme sur les Langues vivantes, même sur la Langue nationale! Locke a dit avec raison que tant qu'on ne regarderait pas le Latin & les Langues en général, comme la dernière partie de l'Education, on ne ferait rien qui vaille. Montaigne & bien d'autres étaient de même avis. Mais on fera bien pis encore tant qu'on tiendra uniquement au Latin, sans oser même partager son culte entre cette Langue & celle de ses voisins.

Du tems des anciens Romains, il y avait assurément d'autres idiômes que le Grèc. Ils n'apprenaient d'abord cette Langue, que quand ils étaient parvenus à une parfaite connaissance de leur Langue natale: en second lieu, ce n'était pas pour le Grèc considéré en lui-même, qu'ils y donnaient leur étude; ni par rapport aux avantages qu'ils en retiraient pour les progrès des Arts. Il ne manquait pas de parfaits modèles dans la

Langue Phénicienne. Elle aurait donc pu balancer celle d'Athènes dans leur opinion; s'ils n'avaient eu pour objèt que de s'instruire. Ils lui préféraient la prémière; parce qu'ils étaient exposés à avoir souvent affaire avec les Grècs, soit pour eux-mêmes & pour leurs intérêts particuliers, soit pour la République & pour les intérêts communs. Puisque nous voulons les copier, ce n'est donc pas à du Latin uniquement que nous devons donner notre Etude; mais au contraire à l'Anglais, à l'Allemand, à l'Italien. Ce ne sont donc point des Ecoles Latines si multipliées, qu'il nous faut; mais des Colléges Allemands, Italiens & Anglais. Nos voisins plus sages que nous en cela, peut-être comme en beaucoup d'autres choses, font enseigner notre Langue publiquement chés eux: nous ne faisons enseigner chés nous ni la leur ni la nôtre même. On ne nous rebât les oreilles que de Latin tant dans nôtre enfance que dans nôtre adoléscence. Cependant nous concevons bien que nous n'aurons jamais d'intérêt ni particulier ni public à démêler, ni de société à former avec des Latins; puisqu'il n'en éxiste plus. Quelles Raisonneurs sensés nous prouvent donc l'utilité de tant de tems consommé à cette Etude. Qu'ils nous prouvent une parité d'avantages ou pour l'Etat ou pour nous-mêmes ; soit que nous donnions nôtre application à cette Langue morte ou à celle des Peuples qui nous avoisinent : alors je conviendrai qu'il ne faut point changer l'ordre établi ; mais seulement l'abbréger. Mais comme je ne crois pas que cette preuve nous vienne de si-tôt ; & dans la persuasion où je suis même, que je perdrais mon tems à l'attendre (parcequ'elle est impossible) je pérsiste à conseiller par préférence à une Langue qu'on ne parle plus, dont on ne se sert présque plus, l'étude de la nôtre, celle de l'Allemand, de l'Anglais, de l'Italien. Si ma Nation connaissait ses vrais intérêts ; elle suivrait cet avis qui lui a été donné par tant d'autres avant moi ; & nous verrions bientôt nos Citoïens libres, avoir au moins à choisir entre des Ecoles presqu'inutiles, & d'autres dont l'utilité ne peut pas devenir douteuse.

D'entre les Langues des Peuples qui avoisinent une Nation, celles de ceux avec qui elle eſt plus en relation d'intérêt, de liaiſon, & de commerce, méritent ſans doute de paſſer les prémières dans un Cours d'Etudes raiſonnées; parcequ'elles ſont les prémières après la notre, qui peuvent nous devenir néceſſaires, ou pour nous ou pour notre Patrie. Les autres toutefois peuvent y être admiſes ou plutôt ou plus tard, ſelon le beſoin qu'on jugera pouvoir en avoir. Quant aux Langues ſavantes; on ne doit ſelon moi, les apprendre que les dernières, par la raiſon même qu'elles ne ſont que ſavantes; & que dans l'alternative de faire ou des Citoïens utiles ou des Savans, la Patrie n'a pas à balancer ſur le choix. Or, c'eſt à la Patrie, c'eſt à ſes intérêts encore plus qu'aux nôtres, que nous devons viſer en toutes choſes. Le Philoſophe ne connait de vraie Science, que celle qui nous rend utile à nos ſemblables; mais plus particuliérement à nos Concitoïens. C'eſt-là l'objèt de toutes ſes recherches. C'eſt ce qui a fait dire à Cicéron, que ce qui tendait au bien & au ſoutien de la ſociété humaine, était incomparablement au-deſſus de l'Etude des Sciences.

Ce n'eſt donc pas ſeulement pour eux qu'il faut élever les hommes; mais pour les autres, pour l'Etat; pour les places qu'ils doivent tenir dans le monde; & ſpécialement pour la République, vers laquelle doivent continuellement ſe diriger les vües de tout bon Inſtituteur. Je ne veux ici parler que de ceux-là: les autres déplacés dans une Proféſſion pour laquelle ils ne ſont nullement faits, y ſont nécéſſairement mal tout ce qu'ils y ſont.

Je l'ai déjà dit, la diverſité de rang, de fortune, & de déſtinations de la ſomme totale du genre-humain, éxigerait auſſi une différence tant dans le fond de l'Inſtitution, que dans le choix des Langues à apprendre; juſqu'à ce que par l'adoption & l'éxécution très-poſſible d'un bon plan d'Education publique, on ſoit parvenu à rendre les jeunes gens, au ſortir de leurs Etudes, à-peu-près en état tant ſur les Langues, que ſur les autres connaiſſances nécéſſaires, de ſe tirer de pair dans toutes les occaſions de la vie. Toutefois je ne prétens point faire entendre par-là qu'il faille autant d'Educations particulières qu'il y a d'hommes naiſſans. Cette hypothèſe ridicule, supposerait présque la moitié du monde occupée à élever l'autre. Outre qu'il y aurait à cela de l'impossibilité, il y a à parier que l'Education n'en irait pas beaucoup mieux pour l'espèce humaine collectivement prise ; attendu le petit nombre de personnes capables de se mêler de cet emploi avec quelque succès. Il n'y aurait toujours, comme aujourd'hui, que la petite quantité d'enfans assés heureux pour tomber en de bonnes mains ; qui seraient formés comme il conviendrait. Ce que j'ai donc voulu dire ; c'est que tant qu'on n'aura pas pris d'arrangemens pour rendre en France & ailleurs l'Education généralement utile, généralement éclairée ; plus on pourra particulariser l'Institution & l'adapter aux différens sujèts ; plus on fera bien : sur tout si dans ces particularisations, on trouve des hommes propres à y présider. J'en reviens aux Langues savantes.

Quoique le Grec & le Latin aient pris le beau nom de Langues savantes ; il ne s'ensuit pas qu'elles rendent savans ceux qui les étudient. Nous n'avons en France, en Europe même, qu'un très petit nombre de Savans ; cependant tous les hommes d'une naissance tant soit peu honnête ; prèsque tous ceux qui ne sont point absolument de la lie du Peuple, ont emploïé un tems fort considérable, uniquement à l'étude du Latin. Je vais plus loin; je crois que le peu de Savans que nous avons, auraient pu l'être plutôt & plus sûrement, sans le secours du Latin & du Grec. Assurément les anciens Phéniciens ont eu chés eux des Savans ; & ils n'apprenaient que leur Langue.

Quelle nouvelle & affreuse induction, diront ici les Partisans du seul Systême en vogue, & contre lequel les meilleures raisons n'ont rien pu opérer jusqu'à ce jour ! Voulés-vous encore persuader que les seules choses (selon vous) qui s'enseignent dans nos Pensions & dans nos Collèges, ne font que nuire à l'avancement des Sciences & des Beaux-Arts ?

Si on éxamine cette quéstion avec ce phlègme & cette modération qu'on doit mettre dans toutes celles qui, par leur importance, méritent qu'on n'avance rien au hasard ; peut-être pensera-t-on comme moi. Ce ne sont sans doute point les Langues Grécque & Latine par elles-mêmes, qui cauſent le retard dont je parle. J'ai dit ailleurs qu'elles étaient au contraire on ne peut plus propres à faciliter le génie de ſe produire, & même de la manière la plus ſéduiſante; par les reſſources qu'elles offrent de ce côté, à ceux qui les poſſèdent. Mais ce qui produit cet effèt, c'eſt l'interminable manière de les enſeigner. Qu'on n'y mette que le tems qui doit y ſuffire (*a*): ceux qui ont des diſpoſitions aux hautes connaiſſances, y gagneront au moins ſix à ſept années; pendant leſquelles ils pourront apprendre deux ou trois Langues de plus, & conſéquemment s'ouvrir plus de ſources; car dans tous les idiômes connus, il y a de ces heureux modèles dont j'ai parlé; & dans leſquels l'eſprit peut puiſer continuellement. Ou bien, ſi ceux que la Nature a doué de ces inclinations avantageuſes & d'une organiſation propre à les faire valoir, ne ſe ſouciaient pas de multiplier leurs connaiſſances en fait

(*a*) J'offre à démontrer qu'on peut apprendre le Latin en dix-huit mois; & à me rendre garant du ſuccès.

d'idiômes ; ils emploïeraient ces six ou sept années à en acquérir d'un autre genre. Ainsi, de calcul fait, ils pourraient paraître six à sept ans plutôt ; & dans ce cours de tems, donner six productions utiles. La République des Lettres est donc en droit d'en vouloir à MM. les Instituteurs pour cette privation considérable ; & ce n'est pas le seul grief qu'elle croit avoir contr'eux, sans doute avec fondement. Elle leur reproche (& je crois qu'elle a raison) d'avoir beaucoup contribué à sa dépopulation par le dégoût, que leurs longues & fastidieuses Leçons ont inspiré pour toutes sortes d'Etudes, à grand nombre de jeunes gens ; qui sans cela auraient certainement été inscrits au nombre de ses Citoïens.

Ainsi plus j'avance dans l'éxamen de nôtre Institution, plus j'y trouve de désavantages dans tous les genres. Cependant le nombre des abus en est si grand, que j'en passe certainement encore bien plus que je n'en relève. Ce n'est point par une fausse politique, absolument contraire à mes principes & à à ma franchise naturelle ; mais parce qu'il faudrait entrer dans de trop longs détails pour les relever tous (*a*).

Je ne saurais m'empêcher de gémir, toutes les fois que je vois commencer cette misérable carrière à quelqu'un de mes Concitoïens naissans. Je me suis souvent attendri jusqu'aux larmes, sur le sort de ces petits malheureux enchaînés à une table ; colés à des bancs ; entourés de livres, dont ils ne peuvent présque point se servir ; feüilletant avec un dépit sécrét celui-ci ; puis un autre ; puis un autre encore, & souvent sans pouvoir se tirer des difficultés que leur laissent ces pitoïables secours : gourmandés sans cèsse ; châtiés pour des fautes qu'il ne leur est pas ou présque pas possible d'éviter : fautes, qui quelquefois ne sont telles que suivant les règles du Rudiment, & aux yeux d'un Maître ignorant ou d'un Proféseur inhabile. Un Régent d'un des prémiers Collèges de Paris, compta un jour deux solécismes dans la composition d'un de mes Elèves. La proposition était de Sénèque : & mon disciple l'avait trouvé toute faite

(a) Voïez mes Essais sur les abus de l'Education actuelle, & les moïens de les réctifier.

dans le Dictionnaire de Lebrun. Je dirai cependant (parce que c'est la vérité) que s'il se rencontre quelques-uns de ces Professeurs inéptes dans les Chaires de cette Capitale; ce n'est point le plus grand nombre à beaucoup près. Il y en a, à qui on ne pourrait reprocher que de tenir trop au vieux systême; & je crois que ce n'est que pour ne pas se mettre à dos leurs Confrères. Mais nos Collèges de Provinces!

Toutefois en me récriant contre la longueur de l'Etude du latin; contre la manière de l'enseigner; contre l'impéritie de bien des Maîtres: ce n'est pas l'Etude en elle-même que je blâme. On verra au contraire que j'ai conservé une place à cette Langue dans mon plan d'Education nationale; & je lui en donnerai également une dans ma Didactique. Je n'attaque que l'abus révoltant d'en faire l'objèt de toute l'occupation de la jeunésse. Cet abus est devenu présque universel en Europe. Delà vient que quelque mal qu'on sache le latin communément parlant, il arrive par son secours, qu'on se fait à-peu-près entendre entre gens de différentes Nations. Ce secours à la vérité est faible, & même inſuffiſant pour établir un commerce ſuivi. Il n'eſt pas non plus à la main de tous ceux qui devraient pouvoir en faire uſage dans l'occaſion. Alors, je l'ai déjà dit, c'eſt au mode à qui on doit s'en prendre ; & non à l'Etude en elle-même. Elle peut mettre, & elle met quelquefois à portée d'entamer un commerce utile : c'eſt déjà beaucoup. Le beſoin pourvoit au reſte. Tout le monde ſait que c'eſt en toute choſe, le plus efficace des ſtimulans.

D'ailleurs, ſi le latin n'eſt que de nécéſſité de moïen dans l'Inſtitution de la plupart des hommes ; on eſt obligé de convenir qu'il eſt indiſpenſable aux Prêtres, utile aux Juriſconſultes & aux Médecins. Tite-Live nous apprend que les jeunes gens de Rome étaient autrefois inſtruits dans la Langue Etruſque, avec autant de ſoin qu'on les inſtruiſait de ſon tems dans la Langue Grècque. Une des principales raiſons pourquoi on les appliquait à cette Etude ; c'eſt que les Romains avaient emprunté des Toſcans la plus grande partie des rits de leur Religion, & ſur-tout la Science des Aruſpices. C'eſt ſans doute pour que cette Religion & cette Science se conservâssent dans toute leur pureté, que le Sénat ordonna en certains tems, qu'une partie de la jeune Nobléffe ferait envoïée dans les principales Villes de la Toscanne, pour y être instruite de bonne heure de la Langue du païs, & formée dans les connaissances du Culte des Dieux. Que nos Prêtres sachent également du latin pour entendre les prières publiques & les rits de l'Eglise; j'en sens la nécessité. Il serait avantageux pour notre Religion, que les particuliers même entendîssent ces prières : mais quand on multiplie les inconvéniens de ce projèt avèc ses avantages : quand on voit de combien la somme des prémiers excède celle des derniers; on se décide à l'abandonner.

J'avouerai encore que si le Grèc & le Latin ne font pas les Gens de Lettres, comme je le disais plus haut; je conviendrai (dis-je) que ces Langues leur sont au moins d'un grand avantage & d'une grande ressource. En effèt, comme je l'ai aussi insinué, elles procurent la facilité de fouiller dans ces sources intarissables de connaissances précieuses;

qu'on rencontre presque à chaque page des célèbres Auteurs de l'Antiquité. Je le répète : tout est instructif dans ces précieux dépôts Grecs & Latins : la justésse des pensées ; leur ingénieuse tournure ; le choix, l'énérgie des expréssions ; leur admirable enchassure, qui donne au discours autant de grace que d'harmonie : tout en un mot, concourt singuliérement à l'avantage de ceux qui sont à même d'en profiter : tout sert à leur former en même tems & l'esprit & le goût. Ces illustres personnages n'instruisent pas seulement sur les Beaux-Arts ; ainsi que le remarque l'Orateur Romain ; ils n'ont encore rien oublié dans leurs sages écrits, de tout ce qui regarde la conduite de la vie, les loix, les mœurs &c. Leurs loisirs utiles contribuent le plus avantageusement & le plus solidement, au soutien de ceux qui sont dans l'action. C'est sur ces augustes modèles, que se sont formés de tout tems les plus grands hommes. C'est vraisemblablement à eux, à qui les différentes Républiques ont eu de tout tems obligation de leurs meilleurs Citoïens ; de ceux qui les ont servi le plus utilement.

On objéctera peut-être que tous ces grands Maîtres ont été traduits & retraduits : qu'il n'y a point de Nation policée, qui n'ait tous leurs Ouvrages dans sa Langue naturelle. Ce n'est pas la même chose à beaucoup près. Outre l'infidélité du plus grand nombre des Traductions, qui souvent sont fort loin d'atteindre leurs originaux pour le fond des pensées; on n'y retrouve ni ce génie créateur, ni ce goût exquis, ni ces tours merveilleux, ni ces beautés séduisantes & peut-être inimitables dans les Langues vulgaires. Or rien de tout cela n'est perdu pour un esprit méditatif & clairvoïant. Il en tire au contraire le plus grand profit : ce qu'il ne saurait faire sans la connaissance de ces Langues.

Montaigne parlait Latin & Français à six ans; parce qu'on avait eu soin de rendre ces deux Langues également vivantes par rapport à lui; parce qu'on les lui apprit pat l'usage(a). C'est aussi par l'usage qu'il apprit le

(a) J'ai une Ecolière qui n'a que huit mois de leçons; que j'annonce pour entendre les trois premiers Livres d'Horace : pour en faire la construction sans faute; & pour pou-

Grèc,

Grec, qui ne lui coûta point plus de travail. Dira-t-on que Montaigne était un génie privilégié, né avec des diſpoſitions extraordinaires; & qu'on ne peut rien inférer de ſon exemple? Il me paraîtrait bien ſingulier que notre France, qui d'ailleurs paſſe pour le païs du monde le plus fertile en hommes d'eſprit; n'ait encore pu produire, depuis la renaiſſance des Lettres, qu'un ſeul génie de la trémpe de Montaigne, qu'une ſeule tête heureuſement organiſée. Je ſuis convaincu qu'on aura preuve du contraire, préſque toutes les fois que des parens bien curieux de Latin, prendront de leurs enfans le même ſoin qu'on a pris de Montaigne; & quand ils les confieront à des Maîtres auſſi habiles, que l'étaient les ſiens. Mais où les trouver? Sénèque diſait que de [illegible] tems, le choix d'un bon Inſtituteur, ét[illegible]n ne peut plus difficile à faire. Combien ne doit-il pas l'être davantage du

voir rendre raiſon de toutes ſes opérations. Je n'ai que celle-là au latin; & cinq à ſix qui le commencent. On pourra voir dans ſix mois à quoi ils en ſeront. On pourra le voir quand on voudra. La grace que je demande; c'eſt qu'on ne préjuge en rien ſur les propos de mes ennemis.

E

nôtre ; où le haſard & le beſoin de faire quelque choſe pour vivre, font les trois quarts des Educateurs : où la première des Proféſſions prèſque généralement mépriſée, ne fait même point un état dans la plupart des Républiques : où on s'occupe bien plus du ſoin d'avoir un bon Cuiſinier, que de celui d'avoir un bon Précépteur pour ſes enfans : où les gages du Chéf de Cuiſine & de celui qui dréſſe les chevaux, excèdent des deux tièrs dans la plupart des maiſons, les émolumens de celui qui eſt chargé de former l'eſprit & le cœur de l'héritier de la famille, de l'homme naiſſant deſtiné pour occuper les plus grandes places : où la plupart des Maîtres publics peu inſtruits, s'annoncent témérairement pour tout enſeigner : où on s'ingère dans l'état d'Inſtituteur ſans aucun apprentiſſage ; comme s'il ſuffiſait du droit de mettre un tableau à ſa porte, ou de celui d'endoſſer une robe & de monter dans une Chaire, pour ſavoir remplir cette Proféſſion ſi intéréſſante ?

Je me trouvais il y a peu de tems dans une maiſon de cette Capitale. Une Financiere du ſecond ordre s'y préſenta magnifiquement caparaçonnée. Un élégant Abbé venait de lui procurer un Précépteur pour élever son fils unique ; & elle consultoit la maîtrésse du logis, qui est aussi mère d'un seul fils ; pour l'éducation duquel elle n'épargne rien. L'objèt principal de nôtre Financière, qui en affectant les airs d'une femme importante & instruite, ne disait pas trois mots sans faire une faute de français ; était de prendre de Madame la Comtésse de *** des renseignemens, sur la manière dont il falloit traiter *ces sortes de gens*. C'était du Précépteur entrant dont elle parlait. Madame la Comtésse, femme de beaucoup de mérite ; lui répondit avec ce ton honnête & poli qui lui est naturel : *de vôtre mieux, Madame ; si le Précépteur de Monsieur votre fils est ce qu'il doit être ; vous ne le traiterés jamais trop bien.* La Financière ne se déconcerta point, & continua de parler du Maître de son fils ; comme d'un homme qu'on paie pour faire un ouvrage demaçonnerie, ou de telle autre nature. Madame la Comtesse lui fit appercevoir sa bévue, & les suites funèstes qu'elle pouvait avoir pour l'éducation de son fils, si elle persistoit à confondre avec ses valets ; celui qu'elle devait distinguer dans son opinion, même au-dessus des hommes ordinaires. En donnant à la Financière les avis les plus sages, dont je crois qu'elle n'a guère profité ; Madame la Comtesse me regardait de fois à autre, comme pour me dire : *Carpentier, voilà de quoi grossir vos Essais sur l'Education.* Cependant notre *Traitante* avait laissé par derrière un petit article : & c'était vraisemblablement celui qui la gênait le plus ; sur-tout depuis ce qu'elle venait de s'entendre dire, sur la considération & la vénération même, que les parens doivent à ceux qui sont en état ; & qui veulent bien prendre la peine de les remplacer dans des fonctions aussi importantes & délicates, que celles relatives à l'Education. Il s'agissait de savoir à quelle table mangerait le Mentor en question : si ce serait à la cuisine avec les laquais ; à l'office avec les valets supérieurs ; à la table des secrétaires ; ou enfin à celle des Maîtres. Je nomme ces Maîtres d'autant plus volontiers au dernier rang de chés eux, qu'il me semble sur l'étiquette, que c'est la vraie place qui leur convienne. Ici Madame la Comtéſſe me parût ne pouvoir plus répondre; & m'envoïa la balle, ſans doute pour s'amuſer. Puiſque Madame me l'ordonne, je vais en ſa place avoir l'honneur de répondre à votre quéſtion, qui paraît l'embarraſſer. M. l'Abbé qui vous a donné ce Précépteur, a dû vous aſſurer avec connaiſſance de cauſe, que c'était un honnête homme & un homme inſtruit. Dans ce cas, Madame, il vous honorera beaucoup; s'il veut bien manger avec vous. Conſultés-le là-deſſus. La Financière trouva ma réponſe humiliante; mais Madame la Comtéſſe ne la jugea qu'aſſortie à ſa demande.

Tous les progrès de l'Education dépendent infiniment de l'Inſtitution primitive. Cette vérité ſe trouve, je crois, démontrée dans mes Eſſais ſur les abus de l'Education actuelle, & ſur les moïens de les rectifier. L'inſtitution primitive eſt, chés le commun des Citoïens, l'ouvrage des parens & ſpécialement celui des mères. Chés les Grands ce ſont les mères & des femmes gagées à cet effet, qui la donnent. Quelle penſe-t-on que sera l'Institution primitive du fils de la Financière dont je viens de parler ?

L'occasion de la primitive Education, communément si mal donnée, me ramene à l'Etude des Langues, & sur-tout à celle de la Langue nationale. Quelle facilité ne trouverait-on pas à former nos jeunes Citoïens dans les principes de la nôtre ; si les femmes en France apprenaient par principes, au moins leur idiôme ? Les enfans apprendraient alors à bien parler, par l'habitude d'entendre parler corréctement ; & le systême grammatical ne leur coûterait présque rien à concevoir ; n'étant que les règles spéculatives de ce qu'ils pratiqueraient toute la journée.

On ne passerait point aux femmes en Angleterre, sur-tout à celles qui sont nées quelque chose, de manquer dans une Lettre, à l'Ortographe. On lui ferait plutôt grace de manquer à la diction ; parce que la diction plus ou moins belle, est l'affaire de l'esprit : & l'Education la plus honnête, la mieux suivie, n'en donne point. Elle ne peut qu'en développer le germe, en rédiger les opérations, en faciliter les productions. En

France, les femmes ont préſque toutes des diſpoſitions ſupérieures aux notres pour la diction ; & ſur-tout pour celle des Lettres. Il ne s'en trouve malheureuſement pas deux ſur mille, qui ſachent écrire corréctement. Combien leur amour propre n'eſt-il pas humilié, préſque toutes les fois que les circonſtances quellesconques, les mettent dans le cas de vouloir communiquer leurs penſées aux perſonnes abſentes ! Combien d'affaires importantes négligées, mal en ordre, faute de ce ſecours ſi facile à acquérir ! Combien d'occaſions de ſervir utilement ſon mari, ſon père, ſon ami, ſoi-même, abſolument manquées faute de cet avantage ! Combien de choſes ont une iſſue contraire à celle qu'elles auraient eu ; parce qu'on n'a point oſé écrire &c !

S'il eſt un âge, où les ſoins des Maîtres peuvent mieux ſe maniféſter par les progrès de leurs Diſciples ; c'eſt ſans doute celui où la raiſon commence à ſe développer. On peut alors jetter dans les âmes des enfans, comme dans un champ fertile, des ſemences faites pour produire à l'avenir les fruits les plus délicieux & les plus abondans; sur-tout si la terre a été bien préparée. Mais quelle idée peut-on avoir de cette préparation préalable & si nécéssaire? Les femmes ne sont aucunement instruites; & comme je l'ai déja dit, la prémière culture est leur ouvrage. Quand on confie les enfans aux Maîtres, le fond qui naturellement pouvait être bon; est présque toujours devenu mauvais, par les ronces & les épines qu'on y a laissé croître; par les pierres qui s'y sont amassées. Il faut avec un Cultivateur habile & diligent, le tems nécéssaire pour arracher, défricher & nettoïer. Tout le monde dit que les bons Cultivateurs sont on ne peut plus rares. Où prendra-t-on le tems, en suivant le Systême d'Education en vogue? Quand on pourroit le trouver; où sont les parens assés raisonnables, pour ne pas le regarder comme emploïé en pure perte? On ne s'embarrasse pas des dispositifs indispensables aux connaissances: on veut des connaissances; & on n'a rien. Je dirai la même chose des mœurs. On veut que les jeunes gens en aient, & on ne leur apprend point à en avoir. On manque de tout; parceque la plupart des parens & des Maîtres sont dans ce cas. Quant aux Maîtres il serait possible d'en avoir de meilleurs & même en peu de tems. Qu'on trouve un moïen de les rendre indépendans des pères & mères: qu'on leur fasse un sort honnête : que la noble Proféssion d'Instituteur, prenne en un mot tous les avantages qu'elle doit avoir; on en aura bientôt de bons. Je crois avoir indiqué les moïens pour s'en procurer même d'excellens, dans mes *Essais* cidessus annoncés.

La prémière des Lettres de ces Essais, adressée à Milord Duc de ***, fut imprimée en 1768. MM. les Journalistes, & sur-tout l'Auteur du Journal Encyclopédique, en a fait le plus grand éloge. Cette petite brochure, dont j'ai à peine répandu cent éxemplaires dans le Public, déplût fort aux Collégistes & aux Instituteurs mes Confrères; en ce qu'elle n'était pas tout-à-fait conforme au ridicule plan d'Education par eux suivi. Elle m'a fait une foule d'ennemis; & ces ennemis m'ont fait tout le mal qu'ils ont pu. J'ai brûlé tous les éxemplaires; parceque j'ai dû céder à la force : mais le Manuscrit qui peut former deux bons Volumes *in*-8°. subsiste dans son entier ; & comme il peut être de quelqu'utilité à ma Nation, soit de mon vivant, soit après moi ; cette idée m'a paié d'avance, de la peine que j'ai prise à le composer.

Je réspécte infiniment tout honnête homme, qui étant doüé des qualités & des talens propres pour cela, veut bien les sacrifier au digne emploi d'élever les autres. Je ne trouve rien de plus noble que le discours tacite adressé à sa Patrie, par tout honnête Citoïen, qui embrasse cet état par goût : *Païs qui m'a vu naître, toi dont les intérêts me sont mille fois plus chèrs que les miens ; je te dévoüe volontiers mes Etudes & ma liberté : je te consacre mes travaux & ma santé même.* Ce n'est pas celui qui est animé de cette noble & généreuse ardeur, que la basse jalousie portera à calomnier, à diffamer un Confrère qui n'est guidé dans ses méditations, dans ses rechérches & dans ses travaux continuels, que par l'amour du bien public. Ce n'est pas lui qui brassera, machinera, remüera l'Univers, pour empêcher ses essais utiles, & pour l'étouffer au berçeau ; ainsi qu'on a cru avoir réussi par rapport à moi. Ce n'est pas lui qui dira non plus, comme j'ai entendu dire à plusieurs de cette Capitale : Eh ! que m'importe de quelle manière les choses aillent, dans une Proféssion qui ne m'offre que désagrémens ? dans un état qui n'est encore le mien, que parceque je n'en ai pas trouvé d'autre qui me convînt jusqu'à cette heure ? Eh ! que m'importent un million d'abus ; sur lesquels d'ailleurs je ne saurais m'expliquer, sans risquer ma tranquilité, sans m'exposer aux traits d'une foule d'ennemis ? *Mercenarius autem fugit...* Je ne suis pas commis pour redrésser les torts ; & je ne veux point m'afficher pour le Dom Quichotte du tems. A quoi se réduirait ce que je pourrais dire ? Quel en serait le produit ?... Vous pourriés déssiller les yeux à un certain nombre d'honnêtes gens de vôtre Nation. Un autre en ferait autant de son côté. Un troisième y travaillerait du sien ; & peut-être les choses changeraient-elles de face. A quoi a servi tout ce que tant d'autres ont dit avant moi ? A leur attirer des persécutions. J'aime mieux, tant que j'y serai, tirer le meilleur parti de ce *métier*; & me taire. *Mercenarius autem fugit, quia Mercenarius est.*

Peut-être que dans cette Capitale, où dix mille âmes sont occupées aux différentes parties de l'Education; peut-être (dis-je) sur dix mille Maîtres dans les différens genres, ne s'en trouve-t-il pas un sur cent, qui ait jamais pensé à réfléchir sérieusement, sur l'importance de ses obligations; ni s'il s'en acquittait bien ou mal. Le très-grand nombre, s'en est tenu jusqu'ici à la routine usitée; sans songer même à examiner, s'il n'y avoit pas un moïen de mieux faire. Le petit nombre de ceux que leur pénétration a mis à portée d'en voir les abus innombrables, se sont cru par faibléße, dans la nécéssité absolue de suivre le torrent sans mot dire; de peur d'être les victimes d'une cabale dangereuse; qui plus d'une fois n'a épargné ni le mensonge, ni la calomnie, pour parvenir plus sûrement à détruire quiconque a osé, pour l'intérêt public, désapprouver son Systême, & blâmer sa ridicule Méthode. Leurs véxations n'ont point imposé silence au célébre du Marsais. Ils m'ont terrassé pour un instant. Le bien public me ranime; & je dis volontiers avec Cicéron : *Meliùs eſt opprimi in bonâ cauſa, quam malè cedere.*

Je ſais qu'on triomphe rarement du pouvoir de l'habitude. Je n'ignore pas que les hommes accoutumés à donner certaines idées aux objèts, à ſe faire un ſyſtême lié d'opinions vraies ou fauſſes; ont pour ces idées & pour ces ſyſtêmes, un attachement préſqu'invincible. La raiſon, l'expérience & le bon ſens, s'éfforcent ſouvent en vain, de leur en prouver l'inutilité & même le danger. L'habitude l'emporte ſouvent ſur le bon ſens, ſur la raiſon & ſur l'expérience même. Elle réſiſte aux démonſtrations les plus claires; & telle eſt, hélas! notre opiniâtreté, quelquefois même pour les coutumes les plus biſarres, auxquelles ſur-tout on a attaché l'idée de l'utilité publique, de l'intérêt commun, du bien de la ſociété : on regarde comme dangereuſes les innovations les plus utiles : on ſe croirait perdu, s'il s'agiſſait de rémédier à des maux qu'on s'habitue à regarder comme dangéreux à guérir. *Aſſiduitate quotidianâ & conſuetudine oculorum aſſueſcunt animi, ne-*

que requirunt rationes earum rerum quas vident. Cic.

Nos pères, nos grand-pères, nos arrières grand-pères, dit-on, ont été élevés ſur cet ancien plan; & la conſéquence qu'on en déduit, n'eſt rien moins que concluante pour une marche nouvelle. Parceque nos pères, nos grand-pères & nos arrières grand-pères n'ont pas cru aux Antipodes, nierons nous l'éxiſtence & la ſituationde de l'île de Salomon &c? Soutiendrons-nous que la terre ſoit platte? En un mot nous refuſerons-nous à la découverte du Nouveau-Monde; parce que nos aïeux ne l'auraient pas cru poſſible, avant Chriſtophe Colomb? Enfin parceque nos pères, nos grand-pères & nos arrières grand-pères, ont donné dans mille balourdiſes, dans mille fables extravagantes, dans mille erreurs évidemment abſurdes; faut il que nous les adoptions; & que nous les regardions comme des vérités incontéſtables? Faut-il que ſans autres raiſons, nous y ſoumettions abſolument la notre?

Galilée fit mille découvertes à l'aide du Téléſcope, qui fut trouvé peu de tems avant lui. Son langage nouveau ſur l'Aſtronomie fut ſuſpéċté ; uniquement parcequ'il était nouveau. On le mit pour ſix ans dans les priſons de l'Inquiſition, pour avoir dit que la Terre tournait ſur ſon axe ; & que le ſoleil était immobile au centre du monde. On regarda ſon Syſtême comme héréſiarque ; & on le perſécuta ſous ce prétexte. Tel eſt l'empire des opinions invétérées. Elles ſont préſqu'indétruiſibles. On riſque tout à vouloir les combattre, même par les argumens les plus déciſifs : & la cauſe de Dieu ſert ſouvent à couvrir la malice des ennemis du génie & des talens. La prévention populaire étant d'accord avec le prétendu intérêt, que croient avoir les Inſtituteurs, à ce que les choſes ſubſiſtent telles qu'elles ſont ; a aſſuré juſqu'ici un triomphe abſolu, à l'ancienne Méthode d'Inſtitution. On a fait tout le mal qu'on a pu, à ceux qui ſe ſont aviſé de voir juſte ſur cet objèt, & d'avancer que cette Méthode ne menait à rien le plus grand nombre (c'eſt-à-dire) quatre-vingt-dix ſur cent. N'aïant en vüe que l'intérêt public, & prenant ſa cauſe dans une partie qui lui eſt de la plus grande importance; quel mal peut-il me résulter, si j'ajoute, que les dix restans sont réputés faire des progrès, uniquement par comparaison aux autres, qui perdent absolument le tems le plus précieux de la vie ; & si je dis encore, que le petit nombre qui y réussit le mieux, peut (en considérant l'utilité publique) être confondu avec les prémiers, au terme des exercices scholastiques ? La vérité de la prémière proposition est démontrée (à ce que je crois) dans mes *Essais sur les abus de l'Education actuelle*, &c. Je dirai ici deux mots pour faire sentir, celle de la seconde.

Je suppose un Sujèt, qui pendant son interminable cours de Latin (c'est-là où se réduit toute l'Education Française) ; je suppose, dis-je, un Sujèt qui a remporté tous les prix, & toujours occupé la prémière place au Collège. Voilà certainement un Elève merveilleux, dont tout le monde parlera avec admiration & applaudissement. Mais pour faire voir que ce Corifée, qui peut effectivement avoir les dispositions pour devenir un Sujèt important, n'en est encore qu'aux dispositions après dix ou douze années d'études ; pour

pour prouver, dis-je, que jusque-là ce n'est rien moins qu'une merveille pour la société & la patrie, à qui doit se rapporter comme à sa fin, tout le produit de l'Institution : qu'a-t-il fait pendant tout ce tems qu'il a été entre les mains des Maîtres ? Que sait-il après tant de travaux pénibles, & d'études forcées ? Je le demande encore : que sait-il ? ... *Un peu de Latin* .... Et encore ? ... *Rien*... Rien ? A quoi prétendés-vous qu'il soit propre avec ce peu de Latin ? ... Est-ce aux affaires ? *Non : il n'en a aucunes connaissances.* Est-ce à la milice ? *Non. Il a entendu parler de camps, de citadelles, de bastions, de Soldats, de Généraux : mais qu'on l'interroge sur tout cela ; on verra bien qu'il n'en a aucunes connaissances méthodiques, ni qui puissent servir à sa Patrie.* Est-ce à l'Agriculture ? *Non.* Il ne sait seulement pas comment est faite une charrue ; & encore bien moins comment on la conduit. Il figurera au moins dans les Cercles ? *Oh, point du tout encore ;* il n'y ouvrira au contraire la bouche que pour vous lâcher quelque platitude pédantesque : que pour vous prouver démonstrativement, que le *oui* n'est pas le *non* : ou comme l'ennuïeux Jean Lizard, Elève de l'Université d'Oxford ; que la douleur n'éxiste que dans l'imagination ; que le feu n'est pas chaud ; que tous les objèts sont de la même couleur, ou qu'ils ne sont pas colorés du tout : ou enfin que pour vous débiter quelqu'autre paradoxe de cette espèce. Ajoutés à cela qu'il écorchera sa Langue ; qu'il ne saura quel maintien tenir ; que toute sa personne l'embarrassera ; qu'il sera en un mot de toute la compagnie le personnage le plus ennuïeux & le plus ridicule à tous égards. Il pourra au moins s'occuper de Sciences, enrichir de ses productions la République des Lettres ? siéger au Barreau ? servir dans les Négociations ? occuper un Emploi ? . . . *Aucunement encore . . . Je vous dis qu'il ne sait même pas sa Langue* . . . A quoi donc est-il bon avec son Latin ? . . . A rien : éxactement à rien. C'est ainsi que nous faisons des hommes. En voici un de nos plus habiles. Qu'on apprécie les autres . . .

On ne manquera pas de répliquer à ce que je dis contre notre pauvre Collégiste : « Effec-

» tivement il n'eſt propre à rien pour le mo- » ment : mais il a fait d'excellentes Humani- » tés, qui l'ont muni des connaiſſances préli- » minaires pour parvenir à tout. Il a fait d'ex- » cellentes Humanités, &c. » Qu'eſt-ce que cela veut dire ? « Suivés-le, & vous le sau- » rés... » S'il n'en eſt encore qu'aux préli- minaires ; s'il a fallu tant d'années pour en venir là ; vivra-t-il aſſés long-tems pour arri- ver à la péroraiſon ? Où voulés-vous que je le ſuive ? S'il continue d'aller le même pas, ne ſerai-je pas mort, avant qu'il en ſoit à ſa diviſion ?

La pratique d'inſtitution eſt la même pour le fond, dans toutes les Maiſons d'Education publique. Partout on n'enſeigne aux enfans que du Latin, & quelque fois un peu de Grèc. C'eſt que de tous tems nos Inſtituteurs publics ont été des Prêtres ou des Moines. Ces Inſtituteurs ne ſachant ordinairement que cela, ont fait tout ce qu'ils ont pu pour inſi- nuer, que l'Education & le Latin étaient la même choſe préſentée ſous différens noms : qu'enfin une teinture de Grèc jointe à une idée ſuperficielle de Latin, était le *nec plus ultra* d'une institution la mieux suivie & la plus rélevée. Ils ont réussi. C'est au point qu'aujourd'hui encore, où on n'a plus à beaucoup près une si haute idée du Latin, pour l'institution des Citoïens ; on ne croit pas pouvoir donner des preuves plus décisives, que quelqu'un a reçu de l'Education ; qu'en disant : *il a fait toutes ses Classes.* Or, je le disais un peu plus haut, avoir fait toutes ses Classes, c'est pour quatre-vingt-dix Sujèts sur cent, s'être traîné inutilement pendant douze ans au moins, sur les bancs tant des Pensions que des Colléges. Prèsque tous les habitans de cette vaste Capitale, qui ont quelque consistence, ont fait leurs Classes. Cherchés-en un sur quinze qui convienne que ses longues Etudes lui ont été (je ne dis pas d'un avantage proportionné au tems qu'il y a mis ; cela est impossible) mais seulement de la moindre utilité. Ma Nation est revenue d'une infinité d'autres préjugés moins dangereux, que ceux qu'elle a eu jusqu'à ce jour, sur l'Education. Pourquoi déséspérerait-on que l'esprit philosophique, tant à la mode aujourd'hui chés elle, ne la fit enfin revenir de la ridicule pratique d'éléver ainsi les enfans ?

Présque semblables aux anciens Athlètes des Jeux Olympiques, qui déstinant leurs membres robustes à des éxercices inutiles, se gardaient bien de les emploïer jamais à aucun travail profitable; pour conserver au Latin (chose d'une médiocre utilité) toutes les facultés de nôtre esprit, & celles de nôtre mémoire; on ne nous apprend ni à penser, ni à savoir raisonner sur aucune chose. On fait de nôtre jugement, à force de le tenir dans l'inaction, une puissance absolument servile, qui accoutumée à ne se fixer sur rien, à ne rien entreprendre d'elle-même, ne produit que très-difficilement les moindres choses dans un âge avancé. On nous fait apprendre une grande partie de Cicéron, de Phèdre, de Quint-Curce, de Virgile, de Tite-Live, d'Horace & autres excellens modèles de l'antiquité: mais s'avise-t-on jamais de nous demander ce que nous pensons sur ce qui a fait la matière de nôtre leçon; ou de nous faire sentir ce qui pourrait y contribuer à nôtre véritable instruction? on n'en a pas le tems.

Ici c'est un grand sentiment, fait pour pénétrer & éléver l'âme; c'est un acte de noblésse, de désintéréssement, de magnanimité & de courage, dont on devrait faire observer la grandeur & la beauté ; sur lequel il faudrait s'arrêter & péser, pour qu'il fit impression : là c'est un trait de basséSse, de fourberie, de méchanceté; dont on devrait faire sentir le méprisable, l'astuce, la malice; afin d'en inspirer l'éloignement & l'horreur. Plus loin, c'est un trait de Politique; dont la finésse dévoilée, serait dans le cas d'être utile à quelques-uns pour l'avenir : ailleurs, un trait d'Histoire qu'il leur importe à tous de connaître : plus loin, c'est un principe de Morale, que chacun d'eux doit savoir; puisque c'est dans la pratique de la Morale que consiste la vertu, le plus grand bien de l'homme sur la terre. Plus loin encore, c'est un morceau de la Fable, qu'on ne peut pas ignorer; si on veut passer pour un homme instruit. Partout enfin, ce sont des propositions; des mots qui forment des pensées; dont il faudrait faire appercèvoir le sens, la beauté & la force. L'usage univérsel en décide autrement. On glisse sur tout : & on ne s'instruit sur rien. On arrive à la fin de chaque volume déſtiné à ce faſtidieux Cours : on n'en retient ſouvent que l'intitulé. Vient le terme de ces longues Etudes ; & on eſt auſſi ignorant ſur les choſes, qu'on l'était en commençant. On a retenu quelques mots, à force de les entendre répéter, & de les répéter ſoi-même ; mais on eſt fort loin de ſavoir donner à ces mots, l'idée qui leur convient. On ſait que *juſtitia* ſe traduit en Français par *juſtice ; humanitas*, par *humanité ; probitas*, par *probité* : mais on ignore abſolument ce que c'eſt que juſtice, humanité, & probité ; parcequ'on ne s'eſt appliqué qu'à l'interprétation des mots, qu'à leur ſignification matérielle. Eſt-il poſſible de profaner aſſés le nom d'Education, pour le donner à d'auſſi frivoles éxércices ? Des Maîtres honnêtes & ſenſés, peuvent-t-ils ſans une vraie douleur ; ſans rougir de honte ; ſe voir forcés par une habitude monſtrueuſe, d'abuſer aſſés de la confiance publique ; pour occuper les jeunes gens, pendant une longue ſuite d'années, à des choſes ſi peu avantageuſes ; à de pareilles puérilités ?

Une Education mauvaiſe ou manquée eſt

mille fois plus pernicieuse à la société, que le défaut total d'Education. J'en donne pour preuve un bon Païsan sorti de ce qu'on peut appeller *une honnête souche rustique*. Cet homme ne sait ni le Grèc ni le Latin. Son jugement est lourd ; mais il est sain. Son raisonnement n'est point orné ; mais il va au but. Sa morale est simple ; mais excellente. Il croit ce que ses pères ont crû. Il ne sait point le grand art de dissimuler & de feindre ; il est vrai, naturel & naïf. Il ignore absolument les subtilités propres à tromper un cotraitant. Ses procédés ont pour règles l'équité, la probité & la droiture. Ses actions ne sont pas plus rafinées que ses discours. Nos Petits-Maîtres l'appelleront *un bon homme* : nos femmelettes *un grossier* : nos demi-Savants *un chétif individu* : le vrai sage le regardera comme un homme de bien. Il tient une grande place dans l'opinion de son Seigneur, qui le consulte utilement en beaucoup de choses. Arbitre des affaires du Village, il en règle les différends avec impartialité & justice. Dans les succéssions, il y fait les parts avec précision & intégrité : dans la répartition des impôts, il fixe la quote de chaque contribuable, de manière que personne n'a à s'en plaindre : à la tête de sa famille, il y parle d'aimer Dieu, d'être bon, de ne faire ni dire rien, qui puisse porter préjudice au prochain ; & donne le prémier l'éxemple de ce qu'il y enseigne. Il ne s'y entretient ni de choses frivoles ; ni d'histoires de galanterie ; ni de haines ; ni des moïens propres à faire réussir des entreprises criminelles ; ni des voïes équivoques qu'il faut prendre, pour parvenir à satisfaire une ambition injuste ; pour supplanter celui-ci, & se faire mettre en sa place ; pour nuire à celui-là dans l'esprit de son Protécteur, & se l'approprier. En toutes choses, sa conduite est aussi pure qu'ingénue. Elle le fait toujours réspècter ; parcequ'il ne s'y écarte jamais du réspèct nécéssaire à l'égard de ceux, pour qui Juvénal en recommande tant & avec raison. *Maxima debetur puero reverentia.*

L'homme que je viens de tracer, ouvrage de la seule Nature, n'est-il pas mille fois préférable à celui, qui aura tiré de son Education mal combinée & mal assortie, le futile avantage de savoir marcher sur la pointe du piéd; faire des minauderies; dire d'agréables riens; se carrésser joliment devant un miroir de toilette; s'étendre sur un fauteuil avec un air d'aisance; rapporter froidement un accident qui vient de désoler un Roïaume ou toute une Province; & du ton le plus animé l'intrigue du Duc de *** avec une Nymphe de l'Opéra? N'est-il pas incomparablement au-dessus de ceux, qui ont été perdre au Collége, dix à douze années d'un tems inappréciable? Ne l'emportera-t-il pas dans l'opinion des gens sensés, sur ces Ergotistes, qui n'ont retiré des Ecoles, que la fatuité, la pédanterie, & le ridicule avantage de déraisonner en forme? N'est-il pas préférable à ces avortons de Philosophes modernes, qui s'imaginant tout savoir; par la raison même qu'ils ne savent rien, s'annoncent dans le monde, comme en état de tout prouver géométriquement; même le contraire des vérités le plus univérsellement reconnües? N'est-il pas enfin au-dessus de cette pérnicieuse engeance, qui uniquement guidée par un travers de doigt d'imagination, accompagne un parfait déréglement d'esprit, n'a que la science d'embarrasser par ses sophismes, le témoignage intérieur du bon sens des personnes qui l'écoutent ? En un mot n'est-il pas préférable même, à celui dont on aura le plus soigneusement cultivé l'esprit; mais dont le cœur aura été négligé ? Que feront encore les enfans de cet honnête homme ?... Assurément de bonnes gens, d'honnêtes gens comme leur père; à moins que malheureusement quelques circonstances ne les ôte trop tôt de cette excellente Ecole, & mille fois meilleure à mon avis, que celles où s'attroupent nos jeunes Citoïens les plus distingués, pour y apprendre quoi? du Latin, qui ne leur servira peut-être jamais; ou dont ils ne pourront pas même se servir : parce-qu'ils ne le sauront pas; quoiqu'ils y aïent emploïé dix ou douze années.

Nous naissons faibles, dit un célèbre Auteur de nos jours; nous avons besoin de forces. Nous naissons dépourvus de tout; nous avons besoin d'assistance. Nous naissons stupides; nous avons besoin de jugement. Tout ce que nous n'avons pas à nôtre naissance &

dont nous avons besoin, nous est donné par l'Education. Multipliant donc l'Education par la somme de nos besoins, qui augmentent à mesure que nous grandissons, & que nous avançons dans la société; le résultat nous prouve, que c'est de tous les biens, celui qui doit le plus nous intéresser; celui que les parens doivent être plus jaloux de laisser à leurs enfans. C'est de la bonne institution que partent les grands desseins : c'est d'elle qu'émanent les hauts faits, les actions d'éclat. Elle seule donne la véritable grandeur, qui ne peut être imitée par l'orgueil, ni égalée par le faste. Elle apprend à combattre noblement; à vaincre sans fierté; à triompher avec modération. Elle enseigne aux Princes que la Providence ne les a mis à la tête des autres, que pour s'occuper continuellement de ce qui peut rendre leurs sujets heureux. Elle persuade à la plus haute Noblesse, que ses titres ne la font respecter, qu'autant qu'elle sait en soutenir la gloire. Pourvu de ses inappréciables secours, le Ministre chargé de quelque partie ou de la totalité du Gouvernement, s'y regarde comme le Tu-

de l'Etat ; y rejétte toute idée de s'enri-
r, comme indigne des ſentimens, qui con-
iennent à la dignité de ſa place. Son cœur
oujours à la plus grande diſtance poſſible du
onopole & de l'injuſtice, ſe maintient dans
s règles de la plus éxacte intégrité. Il ſait
endre ſes ſoins ſur le général & le particu-
er ; découvrir & récompenſer le vrai mé-
te ; dévoiler & punir la calomnie qui ac-
uſe ; en impoſer à la méchanceté qui con-
amne ; ne recevoir d'impreſſions, que celles
es vérités prouvées ; s'oppoſer à toute am-
ition, ſpécialement quand elle peut être nui-
ble ; s'attendrir ſur les misères & les cala-
ités publiques ; les expoſer & chercher les
oiens de les adoucir ; riſquer plutôt toutes
es diſgraces à la fois, que de ſe prêter à au-
une manœuvre criminelle ou ſeulement
quivoque : enfin travailler plus encore à mé-
iter l'eſtime de ſon Maître, que ſon amitié &
s faveurs.

C'eſt l'Education ſeule, qui peut donner
u Magiſtrat cette clairvoïance au-deſſus des
aſſions & des intérêts, cette pénétration
nt il a beſoin pour bien faire ſa charge ;

pour démêler le faux du vrai; le juste de l'injuste : pour évaluer les incidens & juger du fond des affaires : pour ne savoir prononcer que sur la vérité, d'aprés les principes de la plus incorruptible probité; & non d'aprés les détours subtils des formalités embarrassantes.

En un mot, l'Education contient tout le monde dans les devoirs, dans les régles & dans les bienséances de son état. Elle donne le discernement pour bien connaître; la prudence pour agir sagement : elle apprend à se comporter partout & dans toutes les occasions, d'une manière irréprochable. Où manque l'Education, tout est confondu; la licence avec la liberté; le pouvoir des Lois avec la tyrannie. La hardiesse fait prendre à l'ignorance, la place qui ne convient qu'à l'habileté. L'ignorance, la dureté & l'injustice, règlent le sort & la fortune des Citoïens. Tout se conduit au gré des passions & des événemens. Les sociétés sans régles & sans principes, se familiarisent avec des désordres, auxquels il n'est bientôt présque plus possible de rémédier. Les Lois de l'humanité, les droits du sang même; tout est violé. Aucunes bien-

[illegible]ces ne sauraient suppléer aux principes inconnus de la Morale. De-là, la perte de la bonne cause, & le gain de la mauvaise : la probité persécutée, & l'improbité en faveur. De-là, le malheureux sans ressources ; le faible sans appui ; l'innocent dans les fers ; le coupable libre & enhardi par l'impunité du crime. De-là, l'appas du gain devient présque l'unique mobile des actions des hommes. De-là les déréglemens de tout genre ; les malversations de toute espèce ; le manque de bonne foi ; le violement des proméssés ; les abus de confiance ; le défaut de sûreté ; les querelles, & les dissensions tant civiles que doméstiques ; le mépris des Lois & de toute autorité supérieure &c. &c. &c. On s'accoutume insensiblement aux actions les plus atroces. On les commét de sang-froid & sans remords. Les grands & les petits ne mettent plus aucun art à déguiser leurs crimes. La perfidie devient réspéctable. Si Childebert veut se défaire de Magnoval, il le flatte ; il le carresse ; il l'attire à sa Cour sous prétexte d'une fête ; le fait assassiner au milieu du spectacle ; jette son cadavre par les fenêtres ; fait saisir ses biens : & ce malheureux Prince ne voit même point qu'il rompt en visière tant les Lois civiles, que les liens de la société, par ces procédés infames.

Je dirai ici par rapport à ma Nation, aux intérêts de qui j'ose avancer que personne n'est plus dévoüé que moi, ce que disait autrefois Milton pour l'Angleterre : « *Je suis* » *persuadé qu'un bon Plan d'Education, faute* » *duquel cette chère Nation périra, serait le plus* » *noble & le plus grand projèt qu'on pourrait* » *désirer* ». Il nous tirerait (je ne dirai pas comme lui, *des ruines*) mais sûrement de l'approche des ruines, où nos pères nous ont laissé. C'était de la part de Milton un beau début, ainsi que le remarque un de nos Ecrivains ; mais ce grand homme devait-il en rester là, ou tout au moins ne donner sur cet objèt qu'une ésquisse fort imparfaite? Le fera-t-on quelque jour chés nous, ce bon Plan tant desiré, par tous les gens capables d'en sentir le besoin? Osera-t-on l'entreprendre, sans être sûr de la protéction de quelque puissance, contre les attaques de la Cabale Scholastique : d'après ce qu'on sait être arrivé, à ceux qui ont

ont voulu innover, ou proposer des moïens de réforme utile dans cette précieuse partie, qui en a tant besoin. Le tems présse : tout le monde en convient ; & personne jusqu'à cette heure n'a encore mis la main à l'œuvre. Quand je dis personne, j'entens de ceux que leurs capacités met à portée d'y travailler ; de ceux qui joignant beaucoup de pratique à beaucoup de méditations & de théorie, savent connaître les différentes puissances de l'esprit humain ; ses différens dégrés de force, depuis la naissance jusqu'à l'âge mûr ; & qui pouraient conséquemment y proportionner une colléction de leçons suivies.

Jamais on n'a tant écrit sur l'Education, que depuis vingt années. Mais qui est-ce qui a écrit ? de ces Théoriciens à imagination féconde ; de ces grands Enfanteurs de Systêmes, qui au travers des murs de leurs cabinets, croient pénétrer les dispositions des enfans, saisir la vraie manière de les conduire, & connaître à point nommé tous les torts des Maîtres, ainsi que ceux des pères & mères : car si ceux-là en ont beaucoup, ceux-ci n'en sont pas éxemts. Qu'avés-vous fait, deman-

derai-je au prémier de ces grands Raisonneurs en matière d'Education, qui me tombera sous la main ? « Ah ! Monsieur, un plan
» admirable d'Institution publique ; & des
» argumens invincibles, pour en prouver l'ex-
» cellence. Tout est démontré dans ce plan,
» où je suis sûr d'avoir enfin atteint le vrai
» bût. Que je me fais gré de mes veilles,
» quand je pense combien ma patrie m'aura
» d'obligations !... ». Vous avés raison, dirai-je tout doucement à cet homme rempli de ses opinions, que je prévois de loin ne devoir pas faire fortune : mais, sortés un moment de vôtre enthousiasme ; modérés pour un instant vôtre zèle bien loüable sans doute ; & permettés-moi de vous faire une petite question. Etes-vous du métier, passés-moi le terme ? « Du métier ! que voulés-vous dire
» par-là » ? Je demande, Monsieur, si vous enseignés ; & depuis quel tems ? ... « Moi,
» point du tout : je suis Homme de Lettres ;
» & le Public m'a obligation de plusieurs
» Ouvrages certainement très-estimés ... »
Je le crois ... « Je vous avoüerai qu'aucun
» ne m'a coûté comme celui-ci ... » Je le

crois ; mais tant pis, Monsieur... « J'y ai » employé beaucoup de tems... » Je le crois ; mais tant pis encore... « Je ne regrette pas » ma peine... » Tant pis, Monsieur.... » Eh ! pourquoi donc, s'il vous plaît, tous » ces *tant pis ?*... » Pourquoi ? vous voulés que je vous le dise ? Eh bien, je suis sincère ; c'est que vous avés là enfilé un chemin qui vous était inconnu, & dans lequel vous n'aurés sûrement vu goûte. Vous vous êtes donné bien de la peine pour mettre au monde, & pour coudre ensemble des pensées vuides, ou uniquement remplies de mots. Vous avés fait comme ce Gréc, qui n'avait jamais vu ni tentes ni soldats, qui n'avait jamais été employé dans aucune négociation ; & qui voulût se mêler d'enseigner tant l'Art Militaire que les devoirs d'un Général d'armée. Vos belles démonstrations, vos argumens invincibles, ne sont que de beaux radotages, vaincus d'avance par la belle réponse que fit Annibal, à ceux qui lui demandèrent ce qu'il pensait de Phormion (*a*).

(a) *Multos deliros senes jam vidi ; sed qui magis quàm Phormio deliraret, vidi neminem.*

Laissons-là notre Homme de Lettres ; & revenons à notre Plan d'Education. Quand quelque bon Instituteur & consommé dans sa Profession, serait assés téméraire pour former cette noble & précieuse entreprise ; quand il aurait emploïé les deux tiers de sa vie à rédiger ce Plan, & y adapter une Didactique ; quand enfin il serait prêt à être mis en éxécution ; l'adopterait-on sans un coup d'autorité ? Quand les Leçons du Cours entier seraient toutes faites, & prêtes à donner ; où sont les Maîtres qui voudraient les suivre ; s'ils n'y étaient contraints ? Où s'en trouveraient-ils, qui les suivîssent, avec cette ardeur & ce zèle indispensable dans tout Instituteur. Le meilleur Plan d'Education, & la meilleure Didactique adaptée à ce Plan, serait prèsque sans effèt, sur-tout pour le gros de la Nation, sans des précautions pour faire fidèlement éxécuter & suivre l'un & l'autre. (a)

(a) Dans une seconde Dissertation que je promèts, si le Public daigne honorer celle-ci de son suffrage ; j'indiquerai des moïens infaillibles, tant pour se procurer de bons Maîtres, que pour faire bien éxécuter un bon Plan d'Institution.

Si j'avais l'honneur d'approcher du Thrône, j'oſerais propoſer à notre auguſte Monarque de ne rien épargner, pour ce qui concerne l'avancement ou l'amélioration de l'Education dans ſes Etats : & s'il était poſſible de conſeiller le Corps entier d'une Nation, je dirais à la mienne, comme le Moraliſte Romain & avec plus de raiſon que lui, que c'eſt ſur-tout dans cette diſette de bons Maîtres, dans ce ſiècle de corruption, où les vices ſont comme paſſés en uſage ; où la cupidité s'éfforce d'étouffer tout ſentiment de probité & d'honneur ; où les Beaux-Arts tombent dans un dépériſſement ſenſible, qu'elle doit ſe ménager avec ſoin, ceux qui peuvent former les jeunes gens dans la vertu & dans les Sciences : qu'elle doit promettre & accorder des récompenſes à tout Inſtituteur, qui pourait lui propoſer de bons moïens, pour rendre ſon Education telle, qu'elle pût procurer tous les avantages qu'on doit en attendre ; & qui ſerait en état de faire ſes preuves. Je lui recommanderais de favoriſer les eſſais de ces généreux Citoïens, d'exciter leur émulation par des honneurs ; enfin de faire tout ce qui dépendrait d'elle, pour les garantir des suites de l'envie : suites qui ont été si funéstes jusqu'à ce jour au petit nombre de ceux, qui pour l'intérêt commun, ont jetté les yeux sur cette partie si importante & si mal éxécutée. La trempe naturelle de nôtre esprit, nous met certainement à portée de viser au bon & à l'utile : la manière superficielle de nous élever, fait que nous n'arrivons qu'au semillant, au futile, ou à rien. Le prémier bût est ordinairement celui de nos Educations particulières ; & le dernier, celui de nôtre Institution publique.

C'est l'amour de la Patrie & celui de l'utilité commune, qui fait le Citoïen. Cette vérité n'a pas besoin de preuves. Ce sont les Citoïens qui forment & qui maintiennent l'Etat : cette seconde vérité est aussi constante & décisive que la prémière. Il n'y a pas d'Etat où il n'y a pas de Citoïens ; & cette colléction d'hommes, qu'on désigne alors sous ce nom, ne sont pas plutôt à un Souverain qu'à un autre, manquans de ce double amour dont je viens de parler. Ils seront au plus fort à la première occasion. Or le véritable attuchement à la Patrie & à l'utilité commune, ne peut être que le produit d'une bonne Education. Il est impossible sur-tout dans un Païs à ressources, que l'Education soit bien suivie, & ses habitans malheureux. L'attachement à sa Patrie & aux intérêts de sa Patrie, ne dépend pas peu du bien être qu'on y goûte. Le bien être dans un Etat, procède diréctement de la bonne Institution des Grands & de celle des Citoïens. On n'a jamais vu les Beaux-Arts cultivés, & les Peuples véxés en même tems & dans un même Païs. Athênes, Lacédémone, toutes les autres Républiques & grandes Sociétés quellesconques, n'ont commencé à souffrir de leurs Chéfs; que quand elles ont commencé à négliger les bonnes connaissances. La licence y a pris alors la place de la discipline; le luxe, celle de la simplicité; du luxe, est venue la diminution dans les moïens & les facultés. L'avarice a succédé au noble désintéressement dans les Grands, & le libertinage aux bonnes mœurs. Les petits ont voulu les copier. De-là le trouble, la confusion, le dépérissement, la dépopulation; & par succéssion de tems, l'anéantissement total.

Partout où manque la bonne Institution, les nœuds sacrés qui lient les grandes Sociétés à leurs Chèfs (ces nœuds précieux qui de leur nature, tendent toujours vers le relâchement) se brisent insensiblement : la machine se détraque ; les remèdes deviennent inapplicables, ou sans effèt.

La bonne Institution seule persuade aux Souverains que leur bonheur dépend absolument, de celui qu'ils procurent aux autres. C'est elle qui leur dit avec cette salutaire fermeté qui lui convient : « Maîtres du monde, vous n'avés rien à redouter de la part de » vos Peuples instruits, que vous ne leur soiés » redoutables vous-mêmes ; parce que je les » ramenerai perpétuellement à leurs devoirs » envers vous. Vous serés forts de toutes » leurs forces ; & puissans de toutes leurs » puissances ».

Quand on voit les Lois modernes avoir tout prévu, pour les intérêts réspéctifs des hommes, & avoir tout laissé à désirer sur l'Education ; n'est-on pas tenté de croire, que les Législateurs ont cru pouvoir mettre le comble à l'Edifice Politique, sans avoir pensé même à en jetter les fondemens. Edifier ainsi, c'est sans doute bâtir en l'air ; faire des châteaux de cartes, qui doivent écrouler au moindre souffle. La Morale des Peuples, comme l'observe un Auteur de nos jours, est absolument négligée dans tous les Etats de l'Europe. Les différens Gouvernemens ne semblent occupés, que du soin de les rendre peureux & timides. Des simulacres d'Education, tiennent lieu prèsque partout de principes propres à former l'âme & le cœur. Comment peut-on s'étonner d'après cela, en voïant dans le monde si peu de bonne foi, si peu de vérité, si peu de sincérité, si peu de vertu? Le frère trompe sa sœur, & la sœur son frère. Le père n'est point en sûreté sur la droiture de son fils, ni le fils sur la probité de son père. Les Loïs se multiplient à l'infini, & ne suffisent point pour contenir les hommes : tout cela, parceque'on n'apprend pas aux enfans à être justes, vrais, droits, & amis de la probité. On ne se fie plus à personne; & le monde devient une chiourme étrange.

Tous les dits & les écrits n'ont rien changé jusqu'à ce jour à notre Institution; sans doute parcequ'ils ne sont pas assés entrés dans les détails de ses vices, ou par crainte ou faute de les bien connaître. Cependant, c'était ce me semble, sur ces détails qu'il fallait spécialement insister. L'exposition maniféste d'un mal réel, source de tous les autres maux qui nous inondent, aurait peut-être fait ouvrir les yeux. Des raisonnemens vagues & insuffisamment appuiés de faits, se contéstent. L'esprit de parti en diminüe toute la force; ou la prévention beaucoup plus facile à établir qu'un Jugement sur examen, les détruit entiérement. Je crois donc, qu'avant de dire ce qu'il fallait faire, on aurait dû commencer par démontrer, par les plus exacts détails, que ce qu'on fait est mauvais, ridicule, pernicieux même. C'est ce que j'ai tâché de rendre palpable dans deux gros volumes, que l'on trouvera après moi; si je n'ai pas moïen de les faire imprimer de mon vivant. Le digne objèt de mon travail, m'a paru trop important, pour être tempéré par aucune considération. J'y dis tout ce que vingt années de pratique & de réfléxions m'ont fait appercevoir; & je le dis sans aucune réserve.

C'eſt une Education civile qu'il nous faut. C'eſt une Inſtitution, qui à des *principes* d'une Religion ſaine & dénuée de cagotiſme, réuniſſe en même-tems, ceux des connaiſſances néceſſaires pour nous former de bons Princes, de bons Miniſtres, de bons Généraux, de bons Magiſtrats, de bons Citoïens, de bons maris, de bons péres, de bons amis : des hommes propres pour tous les états, pour toutes les places à remplir dans la République. Je ſens toute mon inſuffiſance pour une entrepriſe de cette trempe. Qui voudra donc lever la voix avec moi? qui oſera emboucher la trompétte ; lui faire rendre des ſons aſſés bruïans, aſſés mâles, aſſés pénétrans ; pour pouvoir percer dans les différens ordres de l'Etat, juſqu'au Trône, s'il eſt poſſible ; pour perſuader partout la néceſſité d'une réforme d'Inſtitution, par la démonſtration ſenſible de tous les abus de celle qui ſubſiſte? Perſonne ne paraît. Chacun ſe rejètte ſur l'inutilité de ce projèt & de ces cris redoublés. Chacun craint.

Peut-être eſt-il facile cependant, d'entrevoir par des combinaiſons juſtes & appuïées de l'expérience malheureuse de tant d'autres Nations, que nous n'avons pas un siècle à nous préserver contre l'ignorance & la corruption totale des moeurs, si on ne rémédie point à notre Institution; unique & véritable source de l'élévation & de la décadence des Etats. Or pour y rémédier sûrement, je ne vois que trois expédiens inséparables l'un de l'autre. Le prémier est un Plan d'Education utile, & proportionnée à nos dispositions naturelles; le second, un choix de Maîtres capables de le mettre en éxécution; le troisième, la création d'un certain nombre de Censeurs assés habiles, pour pouvoir veiller à ce qu'il soit bien suivi; & assés intégres, pour ne faire grace à aucun de ceux qui s'en écarteraient.

☞ Pour peu que ma Nation paraisse désirer de connaître mes idées relatives à ces différens objèts, je m'empresserai de mettre au net le Manuscrit qui les contient; & d'en faire imprimer chaque mois une petite Brochure. Je vais finir cette Dissertation par l'exposé simple du Plan, que je me propose de suivre & faire suivre, pour l'Education de mon Fils; avec qui j'éleverai & ferai élever quatre à cinq autres enfans honnêtes, tant pour éxciter l'émulation, que pour faciliter l'éxécution de mon Plan. On ne manquera pas de trouver ce Plan fort vaste; mais j'éspère que l'expérience prouvera qu'il ne l'est pas trop. La Méthode dans l'enseignement des diverses connaissances, épargne beaucoup de tems; & l'attention de proportionner à l'âge des enfans, celles qu'on veut leur enseigner, accélère singuliérement leurs progrès.

On trouvera après le Tableau expositif des Exercices, &c. une explication abrégée de chacune des parties qui composent le Plan; & une Exposition de la manière de donner les Leçons. Cette Exposition fera voir, que loin d'excéder les enfans de travail, elles ne seront au contraire que des amusemens succéssifs, qui se feront désirer. Comme l'Education Physique est la base de l'Education Morale, je serai on ne peut plus soigneux tant de celle de mon Fils, que des autres Enfans qu'on voudra me confier. Je préviens que je n'en prendrai pas plus de six; afin de pouvoir mieux les suivre & les faire suivre. Je n'en recevrai non plus que d'une naissance distinguée, & au prix de 1200 liv. par an.

TABLEAU EXPOSITIF

Des Exercices de chaque année du cours d'Education de mon Fils, de l'âge, du tems & de la durée de chaque Exercice : à commencer de Pâques prochain 1773, où il touchera à sa sixième année.

PREMIER AGE.

De six à sept ans.

Lever. L'été à sept heures, & l'hiver à huit.

Prière & Exercice de Religion, de sept & demie à huit.

Matin.	*Soir.*
I. Lecture, de huit heures à huit & demie.	I. Lecture, de deux heures & quart à trois.
Déjeuné, de huit & demie à neuf.	Nomenclature, de trois heures à quatre moins un quart.
Nomenclature, de neuf à neuf & demie.	Ecriture, de quatre moins un quart à quatre heures & demie.
Ecriture, de neuf & demie à dix.	

Matin.	*Soir.*
Morale, de dix heures à dix & demie.	Goûté & Récréation, de quatre heures & demie à cinq & demie.
II. Lecture de dix & demie à onze.	II. Lecture, de cinq & demie à six & demie.
Justice-Pratique, de onze à onze & demie.	Politesse, de six & demie à sept ; ensuite souper. Récréation, Prière : & le couché à neuf heures.
Exercices du corps, de onze & demie à midi & quart.	
Dîné à midi & demi. Récréation ensuite.	

De sept ans à huit.

Levé, une demi-heure plutôt que l'année précédente. Elle sera emploïée à prendre des connaissances des différens Métiers ; & nous ménagerons pour cela une demi-heure ou trois quarts d'heure par jour, pendant toute la durée du Cours d'Education. Pour le reste, mêmes Exercices que l'année précédente.

De huit ans à neuf.

Matin.	*Soir.*
Levé, & Exercices de Religion, de six à sept heures.	Histoire, de deux heures à trois.

Matin.

Principes de Langue nationale, de sept heures à huit.

Déjeuné & Récréation, de huit à neuf & demie: une demi-heure pour les métiers.

Morale de neuf & demie à dix.

Géographie, de dix à onze.

Ecriture, de onze à onze & demie.

Justice-pratique, de onze & demie à midi.

Dîné & Récréation jusqu'à deux heures.

Soir.

Nomenclature, de trois heures à trois & demie.

Arithmétique, de trois & demie à quatre & demie.

Goûté & Récréation jusqu'à cinq & demie.

Langue nationale, de cinq & demie à six & demie.

Méchanique, de six & demie à sept & quart.

Soupé, Récréation, & le couché à neuf heures.

☞ Tous ces Exercices seront plutôt des jeux que des leçons.

De neuf ans à dix.

Mêmes Exercices & mêmes heures que l'année précédente. Pour l'Arithmétique, les Règles de Commerce.

SECOND

SECOND AGE.

De dix ans à onze.

Matin.

Lever, & Exercices de Religion, de six heures à sept.

Langue Allemande, de sept à huit heures & quart.

Déjeuné & Récréation jusqu'à neuf heures.

Morale, de neuf à neuf & demie.

Etude du Droit, de neuf & demie à dix & quart.

Justice-pratique, de dix & quart à onze.

Géographie & Méchanique, depuis onze heures jusqu'à midi & quart.

Dîné & Récréation jusqu'à deux heures.

Soir.

Histoire, depuis deux heures jusqu'à trois.

Langue Allemande, de trois à quatre.

Astronomie, de quatre à cinq moins un quart.

Récréation & Goûté jusqu'à six heures : pendant les Récréations on leur parlera des différens Métiers.

Géométrie, de six à sept moins un quart.

Style Epistolaire, de sept moins un quart à sept & demie : on leur fera faire chacun une petite Lettre, en leur donnant le sujet presque tout disposé.

Depuis sept & demie jusqu'à neuf, Soupé, Récréation, Prière & coucher.

De onze ans à douze.

Mêmes Exercices que l'année précédente & mêmes heures.

De douze ans à treize.

Levé à cinq heures & demie. On finira la Méchanique ; & la Logique ou l'Art de penser & de raisonner, prendra le tems qu'on y emploïait, ainsi que la demi-heure gagnée sur le levé.

De treize ans à quatorze.

Mêmes Exercices & mêmes heures que les années précédentes. Langue Anglaise succède à la Langue Allemande ; les Mathématiques à la Géométrie.

De quatorze ans à quinze.

Mêmes Exercices & mêmes heures que l'année précédente. La Rhétorique ou l'Art de bien dire, succède à l'Art de bien penser & raisonner.

TROISIEME AGE.

Depuis quinze ans jusqu'à vingt & un.

De quinze ans à seize.

Matin.

Levé & Exercices de Religion, depuis cinq jusqu'à six heures.

Langue Anglaise, depuis six jusqu'à sept & demie.

Morale, de sept & demie à huit.

Déjeuné & Récréation depuis huit jusqu'à neuf.

Littérature, pour suite à la Rhétorique, de neuf à dix.

Etude du Droit, de dix à onze.

Justice-Pratique, de onze à onze trois quarts.

Agriculture, de onze trois quarts à midi & quart.

Diné & Récréation jusqu'à deux heures & quart.

Soir.

Histoire, de deux heures & un quart à trois.

Langue Anglaise, de trois à quatre.

Mathématiques, de quatre à cinq.

Goûter & récréation jusqu'à six heures.

Histoire des Voïages, pour suite à la Géographie, de six à six trois quarts.

Anatomie ou leçons sur la charpente du corps humain, depuis six trois quarts jusqu'à sept & demie.

Souper, Récréation & goûter jusqu'à neuf heures.

De seize ans à dix-sept.

La Langue Italienne prend la place de la Langue Anglaise ; la Physique, celle de la Littérature ; la Phisiologie, celle de l'Anatomie. Le reste comme l'année précédente.

De dix-sept ans à dix-huit.

La Langue Espagnole succède à l'Italienne, qui finit au milieu de cette année. L'Histoire Naturelle à celle de l'Histoire des Voïages, la Pathologie ou la connaissance des Maladies, à celle de la Physiologie.

De dix-huit ans à dix-neuf.

Mêmes Exercices que l'année précédente. La Thérapeutique prend la place de la Pathologie.

De dix-neuf ans à vingt.

Mêmes Exercices que l'année précédente. L'Etude de la Langue Latine succède à celle de la Langue Espagnole; la Métaphysique, à la Physique ; la Botanie, à la Thérapeutique.

De vingt ans à vingt & un.

Mêmes Exercices & mêmes heures que les années précédentes. la Chimie en place de la Botanie.

Que l'on conſidère bien le tems que nous donnons à chaque partie de ce Plan, qui ne manquera pas de paraître trop étendu à la prémière inſpection; & on en jugera différemment.

ARTICLE PRÉMIER.

Religion.

La Philoſophie moderne peut ſéduire par ſes préſtiges; & la frivole incrédulité par les raiſonnemens captieux que lui ſuggèrent ſes paſſions: l'homme réfléchi peut même s'y laiſſer prendre pour quelque tems; mais bientôt il en revient à crier de bonne foi avec le Pſalmiſte: *Niſi Dominus ædificaverit domum, in vanum laboraverunt, qui ædificant eam.* La Religion ſera à la tête de nos Exercices journaliers, tant que durera notre Cours; & conſidérée comme la baſe de notre Edifice.

Dans le premier âge, mon Fils apprendra le Catéchisme du Diocèse. Dans le second âge, un Catéchisme plus étendu & plus fort. Dans le troisième âge, un abrégé de la Théologie Morale : la Controversiste; l'Exégèse; le Systême des Dogmes des différentes Religions, avec leurs ridicules. On conviendra que trois quarts d'heure ou une heure par jour bien emploïée, pendant qninze à seize ans, sont plus que suffisans pour prendre des idées justes de sa Religion.

ARTICLE II.

La Morale.

PAR la Religion, mon Fils apprendra ce qu'il doit à la Divinité & ce qu'il se doit à lui-même eu égard à la vie future. C'est l'ouvrage de la Morale, de lui enseigner ce qu'il doit aux autres hommes & ce qu'il se doit à lui-même, par rapport à la vie présente. Dans le prémier âge il recevra de petites leçons simples, faciles, & par manière d'entrétiens, sur tous les devoirs de l'homme. Dans le second & troisième âge, il verra toujours par forme de conversation, la Théologie naturelle; la Morale philosophique; la Politique générale, & la Politique particulière ou la connaissance des différens Gouvernemens. Niera-t-on qu'une demi-heure ou trois quarts d'heure de conférence méthodiquement suivie, pendant quinze à seize années, ne soient très-assés, pour faire un homme humain par principe, sage par raison, & instruit de ce qui est nécéssaire pour cela?

ARTICLE III.

Justice-Pratique.

C'EST spécialement dans la Justice, que consiste l'éxercice de la Morale. Son plus grand éclat procède d'une équité toujours intègre, qui ne peut être corrompüe ni par la faveur, ni par les attachemens particuliers, ni par aucunes considérations humaines. Nous joindrons la pratique à la spéculation, dans l'Etude que nous ferons faire de la Justice. Un fait sera chaque jour proposé, éxaminé, discuté, jugé par mon Fils & ses Collègues; & ensuite par moi ou par l'ami qui me secondera, dans cet important travail.

Le jugement sera écrit, dès qu'on sera en état d'écrire; & au-dessous de la simple exposition du fait. Ce sera d'abord la balle de *Pierre* prise par *Jean*, ou autres faits proportionnés à l'âge; mais nos Jugemens & nos petits Plaidoïers deviendront plus importans, à mesure que nous grandirons. On doit entrevoir que cette pratique usitée tous les jours, pendant quinze à seize années, seulement une demi-heure, nous rendra tout à la fois le cœur & l'esprit justes. Le cas que nous ferons de l'équité & de l'éxacte observation de la saine Morale, apprendra à aimer la vertu pour la vertu même.

ARTICLE IV.

Lecture.

ON sera étonné que mon cher Elève, à qui je prétens montrer tant de choses, ne sache pas lire à six ans. Je le suis bien plus, en en voïant tant d'autres savoir à cet âge une infinité de choses; & ignorer tout à vingt-quatre ans. Chacun a sa Méthode. Pour moi la mienne a été de laisser prendre aux organes de mon Fils, qui est naturellement très-vif, une certaine consistence avant de leur confier la moindre chose. J'aurais craint de tout gâter, si je m'y fusse pris plutôt. Il ne sait que babiller & quéstionner sur tous les objèts qui se présentent ; & j'attens qu'il ait à peu près six ans pour lui montrer à lire. Si on me demande quelle Méthode je suivrai pour cela ; je répondrai que ce sera celle de M. du Mas ; parceque c'est la seulle qui enseigne les vrais rapports entre les lettres & leurs sons ; parcequ'elle dispose singuliérement à l'ortographe & à la ponctuation : en un mot, parcequ'elle a l'avantage de mener au vrai but, bien plus promptement que toute autre ; quand elle est bien présentée. J'ai vu des enfans savoir parfaitement lire en moins d'un an par son moïen. J'en ai supposé deux dans le Tableau des Exercices ci-dessus ; parce que ma maxime est de me presser lentement, & de tâcher d'arriver sûrement.

ARTICLE V.

L'Ecriture.

L'ECRITURE est d'un usage si fréquent & d'une si grande utilité parmi les hommes, qu'on doit lui assigner une place dans un Plan d'Education raisonnée. Mon Fils l'apprendra d'après les meilleurs principes. Nous nous appliquerons à lui faire suivre ce que préscrivent les meilleurs Maîtres en ce genre ; tant sur la tenüe du papier, du corps, du bras & de la plume ; que pour la bonne formaison des caractères. Nous nous en occuperons *ex Professo* pendant quatre années du premier âge ; & comme il y a beaucoup à écrire dans la suite de nôtre Cours, la pratique continuelle, se trouvant jointe à d'excellens principes, le rendra indubitablement habile dans cette partie, lui & ses Condisciples.

ARTICLE VI.

Les Arts & Métiers.

JE veux que mon Fils sache comment se font les bas, les souliers, les draps pour les habits, les toiles, &c., les différens apprêts nécéssaires, avant de mettre en emploi les matières de toutes les choses dont on se sert, tant pour se vêtir, que pour les autres commodités de la vie ; & autant qu'il est possible la manière d'emploïer ces matières. Les jours du congé seront mis en partie, à lui donner des notions suffisantes de tous les Arts & Métiers qui seront à notre portée. Nous le menerons lui & ses petits Collègues, dans les Manufactures, dans les différens Atteliers, chés les Ouvriers. Nous nous instruirons éxactement du nom des instrumens dont ils se servent, de ceux des pièces nécéssaires pour la construction de leurs Métiers ; nous en éxaminerons le méchanisme, &c. & nous essaierons à travailler nous-mêmes.

ARTICLE VII.

Nomenclature.

J'ENTENS par Nomenclature, la dénomination des choses, & l'explication de leurs usages. Autant que nous le pourons, nous présenterons dans cet Exercice les objèts dont nous voudrons dire les noms, & expliquer les propriétés. Nous commencerons la Nomenclature aussi-tôt que le Cours d'Education ; & il fera une partie de nos récréations, tant que le Cours durera. A la promenade ou à la maison, aux champs ou à la ville, on trouve par-tout des choses. Toutes ces choses ont des noms, des usages, des propriétés : ainsi cet Exercice peut se faire partout. Je voudrais qu'au sortir de leur Education, mon Fils & ses Collègues ne fussent neufs sur rien, & dans le cas du Disciple d'Horace. Nous ne nous y épargnerons pas, ni mon ami ni moi.

ARTICLE VIII.

La Danse.

NOUS emploïerons à danser, tantôt une de nos récréations, tantôt l'autre; mais pour que cet Exercice n'ait pas l'air d'une leçon (nom qui déplaît toujours aux enfans) nous commencerons avec le Cours à sauter d'abord sans ordre & sans mesure, à danser à la chanson, ne serait-ce que pour nous exercer. Quand il en sera tems, nous ferons intervenir le violon, après l'avoir auparavant fait désirer, comme chose devant servir à notre plus grand amusement. Nous introduirons insensiblement dans cet Exercice, la nécéssité de la cadence; & nous finirons par savoir bien danser, sans avoir fait semblant de vouloir l'apprendre.

ARTICLE IX.

La Musique.

NOUS tiendrons pour la Musique à peu près la même marche que pour la Danse. Nous commencerons par chanter sans règles & sans mesure, pendant une de nos récréations de chaque jour. Nous aurons soin d'avoir de tems en tems un meilleur Chanteur que nous (par éxemple) le Maître sur lequel j'aurai jétté les yeux. Nous feindrons moi & l'ami qui me secondera, de vouloir apprendre à nous en acquitter aussi-bien que lui. Le désir ne tardera pas de se communiquer à nos Elèves. Nous laisserons souhaiter quelque tems; & nous accorderons ensuite par forme de récompense.

ARTICLE X.

Politésse.

LES hommes étant déstinés pour vivre en société, il est sûr que tout ce qui peut concourrir à rendre leur commerce plus doux & plus agréable, doit faire partie de leur Institution. Des règles de Politésse venant à l'appui d'une excellente Morale, doivent nécessairement produire cet heureux effet.

ARTICLE XI.

L'Arithmétique.

TOUT le monde a besoin de savoir compter; de-là, la nécéssité indispensable de l'Arithmétique dans un Plan d'Education; elle y devient nécéssaire encore, étant l'introduction aux Mathématiques. Nous y mettrons une heure par jour pendant deux années; & personne ne disconviendra, je crois, que ce tems ne soit suffisant, faisant sur-tout succéder la Géométrie à cet Exercice.

ARTICLE XII.

La Géographie.

LES hommes ont été forcés de s'ouvrir entr'eux des commerces, pour subvenir à leurs différens besoins, & aux commodités de la vie. Ils sont obligés de porter chés les autres leur superflu, & d'en tirer par échange, les choses ou seulement utiles ou indispensables. De cette nécéssité, résulte celle des connaissances Géographiques. C'est-à-dire 1°. de la [illegible]tion des lieux, 2°. de leur distance relative. 3°. Des mœurs de leurs habitans. 4°. De leurs productions & de leurs commerces. Nous emploïerons pendant sept années entières, environ trois quarts d'heure ou une heure par jour à cette Science; à laquelle nous ferons succéder l'Histoire des Voïages. Ce tems suffira sans doute en le supposant sur-tout bien emploïé.

ARTICLE XIII.

Histoire.

DE toutes les parties qui forment un corps d'Institution, celle de l'Histoire doit sans contredit être regardée comme une des plus importantes. C'est le tableau des folies humaines; qui apprend à se garantir des grandes passions, en mettant sous les yeux les dangers & les écüeils, où elles jettent ceux qui s'y livrent. C'est en même-tems, le champ le plus vaste de l'Erudition, & l'Etude la plus digne de l'attention des hommes. Mon Histoire universelle où chaque Etat important a sa colonne; & où les événemens de mêmes tems se trouvent avec leurs dates, & sous le même coup-d'œil; est faite pour [illegible] s'y trouve, les faits, les époques, les [illegible] mais en raccourci; & de manière qu'en [illegible] lisant environ deux pages par jour, nous au-rons à la fin de notre Cours, passé en revue tous les Empires, Roïaumes & Républiques connus, depuis la Création du Monde jus-qu'à ce jour.

ARTICLE XIV.

Les Langues.

NOUS commencerons d'abord par l'étude de notre Langue. Le bon usage sera notre prémier Maître; & nous aurons soin d'écar-ter tout ce qui pourait lui être nuisible. Les Principes viendront à l'aide d'une excellente routine, dès que notre jugement aura acquis assés de force pour pouvoir les digérer. S'il est vrai (comme on ne saurait en douter) que savoir bien une Langue & par règles, c'est déjà être fort avancé dans celles dont on veut se procurer la connaissance, j'espère bien que mon Fils & ses chers Condisciples en se-ront-là à douze ou treize ans, & qu'à dater de cet âge, chacun pourra en chaque de[illegible]

nées

nées au plus, faire l'acquisition d'une nouvelle Langue, en y emploïant deux heures par jour, selon ce Plan. Comme les plus importantes en fait de Langues, sont celles de nos voisins; c'est aussi par celles-là que nous commencerons, & nous laisserons pour dernière les Langues savantes; parce que dans l'alternative de faire un Savant ou un Citoïen à portée de pouvoir être partout, & de se rendre utile partout; il me semble qu'il n'y a pas à balancer sur le choix.

ARTICLE XV.

Etude des Lois.

Dès le commencement de notre Cours, nous y avons introduit une sorte de Jurisprudence, proportionnée à l'âge que nous avions à conduire. Cet exercice, pendant les premières années d'institution, ne peut être dirigé que par les lumières d'une raison fort faible encore, ni fondé que sur les principes d'une Morale à la portée de cette raison. Notre objet en les accoutumant dès l'âge le plus tendre, à se rendre justice à eux-mêmes & à la rendre aux autres, a été 1°. d'identifier avec ces petits êtres (s'il est permis de s'exprimer ainsi) cette mère précieuse de toutes les vertus. 2°. De travailler de bonne heure à leur procurer cette réctitude de judiciaire, si importante. 3°. De les préparer à l'étude des Lois, qui (incontestablement) doit être admise comme une des pièces essentielles, dans une institution où il s'agit de former des hommes & des citoïens. Je veux faire apprendre à mon Fils, sur-tout les Lois de son païs; & pour suivre toujours mon bût, ce sera par le Droit Civil qu'il commencera: les autres parties viendront plutôt ou plus tard, toujours en raison de leur utilité plus ou moins grande. Rien de plus propre à contenir des Sujèts dans l'ordre, que la connaissance des droits réciproques établis entre leur Souverain & eux. Pour nous féliciter de la sage subordination dans laquelle nous vivons, dit quelque part un Auteur, nous n'avons qu'à comparer nos Droits & nos Coûtumes, avec les Droits & les Coûtumes barbares de nos pères; quand ils étaient encore dans l'Anarchie. Je ferai faire à mon Fils ces comparaisons; & par les heureuses conséquences qu'il en tirera, j'aurai la consolation de le voir autant attaché à ses Princes, que je le suis moi-même. On ne disconviendra point que trois quarts d'heure ou une heure emploïée chaque jour pendant dix ou douze années à l'étude du Droit; on ne pourra pas nier (dis-je) que ce tems mis à profit, ne soit suffisant pour en prendre une idée très-ample.

ARTICLE XVI.

Géométrie.

SANS la Géométrie, il est presqu'impossible de faire de grands progrès dans les autres Arts. Ceci posé, n'aurait-on pas raison de s'étonner, que cette Science soit autant négligée qu'elle l'est dans notre Nation Française; s'il y éxistait une Education publique? Le Philosophe Platon fit mettre autrefois sur le frontispice de son Ecole : *Que quiconque ignore la Géométrie n'entre pas ici.*

Je m'inquieterai moins dans l'éxécution de mon Plan, de faire de beaux-esprits, que de faire des esprits justes. La Patrie peut aisément se passer des premiers ; mais elle a indispensablement besoin des seconds. Ils sont toujours de mise & utiles, tant dans les grandes que dans les petites sociétés. Nous donnerons à la Géométrie une heure par jour, pendant deux ou trois années ; ou pour mieux dire, nous ne la quitterons point depuis l'âge de dix ans jusqu'à la fin de notre Cours ; puisque nous y faisons succéder les Mathématiques.

ARTICLE XVII.

Style Epistolaire.

CHACUN écrit ; & pas de Citoïen sans doute à qui le Style Epistolaire ne soit (je ne dis pas seulement utile) mais même nécéssaire. Comme on juge de nous, comme on nous apprécie sur nos conversations entre présens ; on en fait de même sur nos Lettres. Une Epitre mal dictée, établit nécéssairement dans celui qui la reçoit (sur-tout s'il est instruit) une opinion défavorable de celui qui la lui envoïe ; & il en revient rarement. Que de places manquées ! que d'affaires mal enfournées ! parce qu'on ne sait pas écrire

Selon le Tableau de nos Exercices, nous mettrons pendant deux années une heure par jour pour apprendre à écrire des Lettres, & à répondre à celles qu'on reçoit.

ARTICLE XVIII.

La Méchanique.

LA société présente de différens états à remplir ; & qui doivent être répartis sur la masse totale de ses membres. Un Plan d'Education doit (autant qu'il est possible) renfermer les connaissances dispositives à ces différens états. La Méchanique dans notre Plan, servira de récréation à des parties plus sérieuses.

ARTICLE XIX.

La Logique ou l'art de penser.

S'IL est vrai, comme le dit un savant Auteur moderne, que penser soit un Art qui s'apprend comme tous les autres ; il n'y a pas d'homme qui ne doive s'en occuper ; parcequ'il n'y en a point pour qui savoir penser, ne soit une Science plus qu'utile. Nous emploïerons trois quarts d'heure par jour, pendant deux années de nôtre Cours, aux principes de cette ſcience; que nous aurons ſoin de dégager (autant qu'il ſera poſſible) des rêveries ſcholaſtiques; & de les donner tels, qu'ils rempliſſent l'objèt que nous nous ſerons proposé.

ARTICLE XX.

La Rhétorique ou l'art de bien dire.

POUR bien dire, il faut avoir bien pensé: d'où il réſulte que la Logique doit précéder la Rhétorique dans un Cours d'Education réfléchi. C'eſt auſſi la marche que nous ſuivrons, malgré l'uſage contraire établi dans les Collèges. Cette ſcience nous occupera environ une heure par jour pendant deux années. La prémière ſera ſpécialement emploïée aux principes; la ſeconde ne ſera que pour la pratique.

ARTICLE XXI.

Hiſtoire Naturelle.

RIEN n'eſt tout à la fois ni plus agréable, ni plus inſtructif que cette étude. C'eſt encore une de celles que nous deſtinons à servir dans notre Cours, de délassement à d'autres moins amusantes. Les enfans & les jeunes gens même, aiment à faire tantôt une chose, tantôt l'autre. Quiconque suivra un peu notre Plan ; s'appercevra facilement qu'il est pris dans leurs inclinaisons naturelles, & dressé d'après leur goût. Nous mettrons pendant les cinq à six dernières années de notre Institution, une heure par jour à parcourir l'Histoire Naturelle (objet immense sans doute) mais dont le développement est devenu bien plus facile, depuis l'ouvrage précieux du célebre M. de Buffon.

ARTICLE XXII.

Mathématiques.

UN savant Auteur a compté jusqu'à quarante branches différentes, à cette Science des grandeurs, des quantités & des proportions. Parmi toutes ces branches, les unes sont plus importantes, les autres le sont moins. Nous commencerons par les premières ; & si elles nous laissent du tems vuide, nous parcourrons les autres, toujours dans l'ordre qui nous sera indiqué par l'utilité plus ou moins grande de chacune. Nous donnerons environ une heure par jour aux Mathématiques, pendant les sept à huit dernières années de nôtre Cours; sans compter les quatre à cinq années, où nous aurons donné le même tems à l'Arithmétique & à la Géométrie.

ARTICLE XXIII.

La Physique.

CETTE science des opérations de la Nature & de ses productions, mérite incontestablement une place même distinguée dans l'Institution des hommes. Son objèt étant l'éxamen des choses naturelles en tant que sensibles & palpables, il est facile de juger que c'est la plus vaste des connaissances, dont l'esprit humain puisse s'occuper. C'est sans contredit encore l'une des plus utiles. Attendu cependant que plusieurs parties de notre Plan d'Institution (comme l'Histoire Naturelle, la Physiologie, l'Agriculture &c) en sont des démembremens, nous ne considérons uniquement dans cet Article, que ses principes, dont nous nous occuperons une heure par jour pendant deux années.

ARTICLE XXIV.

La Métaphyſique.

NOUS avons des modèles heureux des progrès qu'on peut faire dans cette Science; & ſon étude quoique moins utile que celle de la Phyſique, de la Morale &c. a cependant ſes avantages. Locke, Wolf, Leibnitz doivent beaucoup à cette connoiſſance ſublime, qu'ils ont ſinguliérement enrichie. Pluſieurs de nos Philoſophes Français, n'ont point eu à ſe repentir de s'y être addonné. Toutefois les bornes de l'eſprit humain ſont trop étroites, & les nuages qui le couvrent beaucoup trop épais; pour que nous puiſſions raiſonner bien clairement des Etres immatériels, des Eſprits. Il en réſulte qu'on ne doit s'appliquer que modérément à cette connaiſſance, qui peut ſe diviſer en ſix traités; dont nous prendrons ſuccéſſivement des idées ſuffiſantes, en y donnant environ une heure par jour, pendant les deux à trois dernières années de nôtre Inſtitution.

ARTICLE XXV.

Agriculture.

DEMANDER si l'Agriculture doit entrer pour quelque chose dans un Plan d'Education Morale, ce serait faire une quéstion présqu'aussi ridicule, que si on demandait de quelle utilité peut être le pain dans l'Education Physique : & un Etat qui abandonnerait absolument aux malheureux le soin de la culture des terres, ne pourait pas (je crois) être réputé comme sagement conduit. Cette mère commune des Mortels, si fertile, si abondante, quand on la sait bien cultiver, ne produit que des ronces, par-tout où on la laisse en friche; & ne rapporte que le quart de ce qu'elle doit produire; quand on la cultive mal. Cette différence est sans contredit au plus grand détriment de l'espèce humaine, aux intérêts de laquelle doit tendre toute bonne Institution. Nous nous occuperons de l'Agriculture environ une heure par jour, pendant les cinq à six dernières années de notre Institution. Nous ne nous en tiendrons point à la ſeulle théorie ; nous y joindrons au contraire l'expérience & la pratique autant que nous le pourons.

ARTICLE XXVI.

L'Economie.

SAVOIR ſe faire honneur de ce qu'on a, c'eſt une Science qui, loin d'être donnée à tout le monde, ſe rencontre au contraire aſſés rarement, ſur-tout parmi les jeunes gens de nôtre Nation. Si l'Economie dégénère en vice quand elle eſt pouſſée trop loin, la prodigalité en eſt un autre dont les ſuites ſont bien plus funeſtes. On trouvera peut-être ſingulier que je veuille introduire un Cours d'Economie dans l'Education. Mais ce Cours ne poura paroître étrange, qu'à ceux qui ne ſauront pas que cette Science, qui s'apprend comme toutes les autres, fait partie de l'Education publique dans quelques Nations du Nord. J'en parlerai & prierai l'ami qui doit me ſeconder, d'en parler à mon Fils dans ſes récréations ; lorſqu'il fera ſon Cours d'Agriculture : & j'eſpère lui procurer ainſi deux tréſors à la fois.

ARTICLE XXVII.

L'Anatomie.

IL manquerait quelque chose à l'Education d'un jeune homme, qui aurait parcouru à peu près le cercle général des connaissances, s'il n'avait pas au moins des notions suffisantes de cette merveilleuse charpente du corps humain; s'il n'en savait pas distinguer les différentes pièces, & raisonner tant sur leur position que sur leurs usages. Nous donnerons pendant une année, trois quarts d'heure pat jour à l'Etude de l'Anatomie; ce tems nous suffira pour en prendre des idées justes.

ARTICLE XXVIII.

La Physiologie.

LA Physiologie ou Physique du corps humain, la Pathologie ou la connaissance des Maladies, & la Thérapeutique ou manière de guérir, feront aussi partie de notre Education: non que je veüille plutôt faire de mon Fils un Médecin que toute autre chose. Jamais je ne forcerai son inclination en fait d'état: mais je veux qu'il sache un peu de tout, & le disposer par-là à celui qu'il jugera à propos de choisir ; quand il en aura l'âge. Je l'éleverais ainsi, si j'avais cent mille livres de rente à lui laisser ; parceque toutes les connaissances ont leur utilité dans la vie.

ARTICLE XXIX.

La Chymie.

CEUX qui n'ont pas une idée distincte de cette Science de décomposer les corps & de les réunir par le moïen du feu, ne manqueront point de la regarder comme de petite importance dans un Plan d'Education publique ou particulière. Outre que la Chymie prête les plus grands secours à la Médecine, elle a encore une infinité d'autres usages très-utiles. Nous nous en occuperons une heure par jour ; pendant les deux dernières années de nôtre Cours ; & ces momens ne seront pas les plus mal emploïés, de tous ceux que nous donnerons à notre instruction.

ARTICLE XXX.

Dessin, Peinture & Architecture.

SI on considère avec quelqu'attention, le tems qu'il est possible de donner à chaque partie de ce Plan, on ne le trouvera ni trop compliqué ni trop vaste. On verra au contraire qu'il est encore très-possible de trouver (sur la masse totale des quinze à seize années d'instruction) des momens vuides, ne serait-ce que les jours de congé & les heures de récréation, pour y ajouter le Dessin, la Peinture & l'Architecture, toutes études agréables & plutôt dans le cas d'amuser les enfans que de les ennuïer. C'est bien mon projèt; & nous nous délasserons ou moi ou mon ami, à voir donner tant ces leçons que celles d'armes; qui ne seront pas non plus négligées.

ARTICLE XXXI.

Jours de congé.

LES enfans, suivant mon Plan, pouraient se passer de congés; puisque, comme je le dirai dans l'Article ci-après, leurs Exercices seront plutôt un amusement qu'un travail : mais il en faut pour délasser mon ami & moi. Les Congés seront donc fixés aux Dimanches tout entiers, aux Mardi & Jeudi après midi. Nous irons, quand il fera beau, promener à la campagne ces jours-là ; & nous nous y amuserons à parler tant de la terre que de ses productions, à courrir, joüer & nous éxercer le corps. Quant aux Vacances, c'est-à-dire, à ce tems perdu loin des Maîtres ; je ne crois pas qu'on puisse en accorder aux enfans, sans leur porter le plus grand préjudice. Un mois plus ou moins, pendant lequel l'enfant se trouve sans son Mentor, est quelquefois plus que suffisant pour lui faire perdre le früit d'un travail de plusieurs années.

ARTICLE XXXII ET DERNIER.

Manière de donner les Leçons.

CHAQUE partie de ce Plan, scrupuleusement éxaminée & distribuée en courtes Leçons, devrait être imprimée. C'est l'objèt de ma Didactique générale, à laquelle je travaille tous les jours depuis plus de quinze ans. Mais la dépense énorme qu'exigerait l'impression de ce grand Ouvrage, m'en fait abandonner entiérement le projèt; à moins qu'une certaine quantité de gens honnêtes ne me promettent de prendre ou les feüilles ou les volumes, à mesure qu'ils sortiront de dessous la Presse. Si l'impression n'a pas lieu, mon Fils ou mes chers Elèves (en supposant qu'il se trouve quelques parens qui veulent faire courrir à leurs enfans, la carrière d'Education que je destine au mien) mes chers Elèves (dis-je) écriront eux-mêmes la Leçon, qui sera ensuite lüe & relüe; nous en ferons l'explication qu'elle poura éxiger, ensuite des quéstions y relatives à chacun d'eux, par lesquelles nous nous assurerons qu'ils ont non-seulement entendu; mais conçu & retenu. Comme rien n'est plus léger que la mémoire de l'âge tendre, la Leçon du Lundi se répetera le Mardi. Celles du Lundi & du Mardi se répéteront le Mercredi, ainsi de suite jusqu'à la fin de la semaine. Les deux derniers jours de chaque mois seront uniquement emploïés à répéter ce qu'on aura vu dans le mois entier; la dernière huitaine de de chaque trimestre, à répéter ce qu'on aura vu dans ce trimestre; la dernière quinzaine des six mois, à répéter ce qu'on aura parcouru dans ce sémestre : & le mois de Vacances de chaque année, à répéter tout ce qu'on aura appris dans l'année entière. Nous rejetterons même d'une année sur l'autre, ce que nous aurons vu de chaque partie; jusqu'à ce qu'elle soit épuisée. Nous observerons de donner de chaque chose très-peu à la fois; de le donner de la manière la plus concise & la plus claire; telle enfin qu'il ne faille aucun travail pour s'en ressouvenir. Il est sûr que jusqu'à certain âge, si on attend quelque chose du travail des enfans; c'est se flatter d'une vaine espérance. L'expérience journalière le démontre. Elle va même plus loin; car en y réfléchissant un peu, on verra que de l'habitude de contraindre de trop bonne heure les enfans à travailler, résultent 1°. la répugnance qu'ils prennent en grandissant, pour tout genre d'occupation. 2°. Le peu de progrès qu'ils font, à raison de cette répugnance & des petits ressorts de leur entendement, qu'on a forcé par une application précoce. Jusqu'à ce que leur jugement ait acquis une certaine maturité, le meilleur moïen pour en tirer parti, c'est de converser, de s'amuser avec eux, de leur parler toujours raison & de conserver toujours à leur égard une bonté mâle, qui les contienne sans les effaroucher. On les améne ainsi au travail pour le tems où ils en sont capables; parceque de ces entrétiens mêmes, on en fait naître la nécéssité. Au contraire, par la force, par la crainte d'être punis, vous n'en faites que de vils esclaves, qui au prémier moment de liberté se détachent de toute occupation, comme d'un joug qui leur a été imposé malgré eux. Point de verges, ni de corrections dures dans l'Institution de mon Fils. Je suis déja sûr de n'en pas avoir besoin, & je l'améneral petit à petit, à vouloir être tel ou tel; parceque je le convaincrai, par des raisons, que son intérêt & son bonheur dépendent de là.

OBSERVATION.

Ce Plan, extrait de mes deux volumes d'*Essais sur les abus de l'Education actuelle &*

les Moïens de les rectifier, est bien plus détaillé, & ses conséquences ; ainsi que la possibilité de son éxécution mieux démontrées dans cet Ouvrage réfléchi, dont j'ai donné quelque chose au Public en 1768 ; sous le titre de *Lettres d'un Maître de Pension de Paris, à Milord Duc de***, sur l'Education.* Je fais toucher au doigt dans cet Ouvrage, la vérité de tous les abus que j'y attaque ; abus que j'ai été à portée de connaître plus qu'aucun de ceux qui ont écrit sur cette partie, la plus importante & pour l'Etat & pour les familles ; puisque j'ai fait toute ma vie cette auguste Proféssion, & que personne ne l'a plus médité que moi. J'y prouve d'une manière invincible (à ce que je crois) qu'il ne faut que s'y prendre comme il convient ; qu'il ne faut que des Maîtres qui connaissent leurs obligations, & qui sachent les remplir, pour donner aux hommes une Education complette dans l'espace de tems communément emploïé à ne leur apprendre que quelques mots de mauvais Latin.

RÉSUMÉ.

Il est donc possible d'élever les Générations naissantes, de manière à en faire des hommes instruits & des Citoiens utiles. On a plus besoin de cela dans tous les Etats, que de mauvais Latinistes. Deux Générations bien élevées en France, suffiraient pour donner à ce Roiaume le plus grand lustre ; pour y ramener le goût des bons principes & des bonnes maximes ; pour y procurer dans tous les différens ordres, une paix constante ; pour rendre digne d'envie, le bonheur de son auguste Chef ; pour établir celui de toute la Nation. Tous les biens, en un mot, découleraient de cette précieuse source. Puisse-t-on sentir bientôt chés nous, tout le prix d'une bonne Institution ! Puisse-t-on prendre des moiens, pour rendre nôtre Education proportionnée à nos dispositions naturelles ! on verra bientôt ce Roiaume brillant, prendre encore un nouveau lustre.

Je vais, pour finir, dire encore quelques mots à ma Nation sur l'Etude des Langues. J'oſe avancer, contre l'opinion de bien des gens qui prétendent que tous les enfans n'y ſont point propres, que ces prétentions ſont de la plus grande abſurdité. Quiconque a pu apprendre une Langue, peut en apprendre pluſieurs ; & la prétendüe inaptitude du ſujet qu'on eſt chargé d'inſtruire (par exemple dans la Langue Latine) ne vient ordinairement que de ce qu'on n'a pas ſu trouver, pour la lui enſeigner avec fruit, un ſyſtême raiſonné. Les différentes recherches que j'ai faites ſpécialement pour abbréger l'Etude du Latin, m'ont fait découvrir une Méthode qui, par ſa ſimplicité, me paraît convenir même aux eſprits les plus obtus. Je vais en donner ici l'expoſition ſuccinte, en attendant qu'elle ſoit imprimée. Ceux qui voudront en eſſaïer ſeulement pendant quelques mois, reconnaîtront très-à coup ſûr ſes avantages, ſur celle que l'on a fait ſuivre juſqu'ici.

Exposition de ma Méthode pour la Langue Latine.

1°. Je dispose mon sujèt par une Etude de trois mois des principes de sa Langue. Il apprend dans ce Cours, à distinguer en Français les différentes sortes de mots, qui peuvent servir à former des propositions ; ce que c'est que genre, nombre & cas ; à décliner & conjuguer dans sa Langue ; à connaître les rapports que les noms peuvent avoir ensemble ; celui de l'adjéctif avec son substantif ; celui du nominatif avec son verbe ; les différens régimes dont les verbes sont suscéptibles : enfin ce que c'est qu'une proposition ; & qu'aucune proposition ne saurait avoir plus de cinq parties : savoir une essentielle qui est le verbe ; deux nécéssaires, le nominatif & le régime ; & deux accidentelles ; la conjonction & incidens au commencement de la phrase, & les incidens à la fin de la phrase. Ces notions une fois établies (ouvrage de trois mois tout au plus pour le sujèt qui a même le moins d'aptitude) je lui présente un Tableau où sont les terminaisons des noms, des dégrés de comparaison, des verbes & les pronoms; puis un second Tableau sur lequel sont les terminaisons des participes, les adverbes, les propositions, les conjonctions & les interjections. Ces deux Tableaux qui peuvent contenir ensemble environ quatre pages *in-4°.* forment presque le seul livre élémentaire dont nous aions besoin. Cependant je donne encore à mon Élève des règles infaillibles, pour faire seul la construction d'une phrase latine quelque difficile qu'elle soit; c'est-à-dire pour réduire les mots latins dans l'ordre qu'ils doivent avoir à la traduction française (opération qu'on a toujours regardé, & M. du Marsais même, comme la plus épineuse; comme demandant beaucoup de travail & beaucoup de combinaisons, au-dessus de la portée des génies ordinaires: enfin comme d'une difficulté qu'on ne parvenait à surmonter, que par un usage très-long & continuel) mais que mon Disciple le moins apte, fait aussi-bien que moi à la sixième leçon; en ce qu'elle n'exige par mes principes aucunes combinaisons, aucun travail & aucune contention d'esprit, devenant purement méchanique. Voici comment :

Une proposition ne pouvant point être composée de plus de cinq parties, je fais diviser en cinq colonnes, une feuille de papier. J'intitule chaque colonne du nom de Case de la partie de proposition qu'elle est destinée à recevoir ; & selon lordre qui suit :

Case des Conjonctions.	*Case du Nominatif.*	*Case du Verbe.*	*Case du Régime.*	*Case des Incidens.*
J'y fais mettre les conjonctions & les incidens au commencement de la phrase, & qui sont séparés du corps de la phrase par une virgule.	J'y fais mettre le nominatif & ses modifications, qui sont ses adjectifs & ses cas de possession, &c.	J'y fais mettre le verbe, les adverbes & autres modifications. Je fais commencer par le verbe ; parce qu'il indique son nominatif.	J'y fais mettre le régime & ses modifications, qui sont aussi des adjectifs, des cas de possession, &c.	J'y fais mettre les incidens à la fin de la phrase. Ceux qui sont enfermés avec quelqu'autre partie, se casent sous cette partie.

D'après

D'après ce dispositif, mon Eleve tant soit peu instruit des terminaisons des mots Latins, reconnaît seul,

1°. Le verbe que je lui fais mettre dans sa case.

2°. Le nominatif, que le verbe lui indique par la personne & par le nombre; & les adjéctifs ou rapports de possession à ce nominatif &c.

3°. Le régime des adjéctifs, & les cas de possession &c.

4°. Les conjonctions & incidens au commencement de la phrase, s'il s'en rencontre.

5°. Les incidens à la fin de la phrase. Tout cela fait, nous mettons le mot français sous chaque mot latin, & nous avons une traduction éxacte, à laquelle même il n'y a pas à retoucher; si nous avons su choisir nos mots.

Notés bien qu'il faut faire écrire chaque partie à mesure qu'elle est trouvée; qu'elle est facile à trouver aiant ses Tableaux sous les yeux; que la construction à faire de cette manière, devient un jeu, que les enfans les plus jeunes sont à portée de concevoir.

C'est par-là, que je mets mes Elèves à

portée de se faire jour seuls dans Horace, en moins de six mois. C'est par-là que je m'obligerai à mettre en vingt leçons, un homme intelligent, dans le cas de traduire seul tel Auteur Latin qu'il voudra. C'est par-là que je mettrai un Elève de l'un ou de l'autre sexe, au point de pouvoir après douze leçons (en n'en prenant qu'une par mois, & travaillant par soi-même) de se faire jour dans toute sorte de latinité, malgré l'opinion contraire & les déclamations de mes ennemis, qui ont encore beaucoup plus nui à ma Nation qu'à ma fortune, en me persécutant comme ils l'ont fait il y a six ans, en étouffant au berceau, ma réputation naissante; & en me forçant par leurs vexations à abandonner pour quelque tems, la seule Profession que je sache bien remplir.

Fin de la Dissertation.

Fautes à corriger.

PAGE 2, ligne 11, *pendant trois jours de marcher*, lisés *de Marché*.

Page 9, ligne 16, *de l'antiquité :* on a mis un point rond après *de l'antiquité ;* lisés comme s'il n'y avait que point & virgule.

www.ingramcontent.com/pod-product-compliance
Lightning Source LLC
LaVergne TN
LVHW012005220826
846092LV00001B/242